# 史料纂集

言國卿記　第二

# 凡例

一、史料纂集は、史學・文學をはじめ日本文化研究上必須のものでありながら、今日まで未刊に屬するところの古記錄・古文書の類を中核とし、更に既刊の重要史料中、現段階において全面的改訂が學術的見地より要請されるものをこれに加へ、集成公刊するものである。

一、本書言國卿記は、內藏寮を管掌した羽林家山科言國の日記である。

一、本書は文明六年より文龜二年まで存するが、缺本もまゝある。原本は文明八年冬の一册が京都大學圖書館に架藏される他は、すべて宮內廳書陵部に藏されてゐる。本册には文明七年六月より文明十年四月までを收める。

一、本册の翻刻に當つては、つとめて原本の體裁・用字を殘したが、校訂上の體例については第一册の凡例に掲げた通りである。

一、本書の公刊に當つて、宮內廳書陵部及び京都大學附屬圖書館は格別の便宜を與へられた。特に記して深甚の謝意を表する。

# 凡例

一、本書の校訂は、豊田武・飯倉晴武の兩氏が專らその事にあたられた。併せて銘記して深謝の意を表する。

昭和五十年四月

續群書類從完成會

# 目次

# 言國卿記 第二

言國本年二十四歳、従四位上、内藏頭、右近衛權中將

〔文明七年〕○承前、

(26オ)

## 八月小

八朔

一日、天晴、

一、今日祝着兆如恒了、

二日、天晴、晩影ニ雨下、

一、今日掃部助(重有)京へ出了、

一、予坊へ白地ニ罷了、弥五郎二位坊へ登山了、

一、左衛門(坂田資友)ムカイヨリ上來□

(26ウ)

永金言國書寫の法華經校合に來る

一、予書写法華經一巻・二□金來校了、

一、坊猿來臨了、

三日、雨下、

永金言國書寫の法華經第三四巻を校合す

一、今日永金予書經三巻・四巻校了、此方ニテヒシアリ、

樂を吹く

一、樂フキ了、

一、二位坊下山了、夜二位坊へ罷、雜談也、酒アリ、

四日、天晴、

（27オ）

一、今日早朝ニ弥五郎山ヨリ下了、

一、宮內卿（隆顕）東ニ坊ヲタテラレ了、

一、兵衛尉（大澤重致）事礼ヲ申ニ左衛門尉京へ出了、

豊原統秋に樂譜を依頼し料紙墨をおくる

一、少輔（頼久）使ニテ統秋（豊原）方へアツラヘノ譜料帋・スミ遣了、

一、兵衛・掃部下也、智阿弥上由申、

法華經第五巻を書寫し第六巻を寫し始む

一、法華經五巻書ハテ了、又六巻書ハシメ了、

五日、雨下、

永金法華經第五巻を校合す

一、今日永金五巻校了、

一、弥六京へ上了、二位□了、

言國精進斷酒を始む
百萬遍念佛始む

山門騷動の時山科家皮籠を蓮如坊より二位坊に預け直しまた玉雜坊へ預く

大風吹く

諸家吹毀たる大嶽八王子大宮八王子社頭より光物あり琵琶湖へ入るといふ

幕府軍近江へ出兵

谷谷衆入國

法華經書寫

近江琵琶湖の對岸に戰火及ぶ

（27ウ）

六日、天晴、時ゝ雨下、□□物忩也、

一、今日ヨリ廿六日マテ予シヤウシ〔精進〕也、同タン酒了、百万反念佛始也、

一、智阿弥京ヨリ下也、左衞門下了、

一、蓮如坊ニアツケヲク皮子二▒、南谷物忩之時取寄、二位坊ニ預置也、是ヲ又サイハヽ、存知ノ玉雜坊治部卿へ預置也、二位所せハキ由申故也、又皮子一荷アツクル也、以上四也、

一、兵衞尉・左衞門・二位ムカへ下、留寸〔守、下同ジ〕ニトテ登山了、

七日、天晴、大風ニ所大木・堂ナト吹タヲシ了、

（28オ）

一、夜前夜半計ニ風雨以外之事也、二時計大風吹、所ゝ宿共フキコヲシ了、此大タケ八王子大宮同社頭ヨリ大トリ井マテ□〔光〕物ツ、キ、皆□〔湖〕海へ入トミへ了由申沙汰也、

一、依入國当社モ陣へ御立欤ノ沙汰アリ、キタイノ事也、

一、今日谷ゝ衆入國也、近比見事了、

一、左衞門尉下山了、

一、法華經六巻書ハテ了、又今日ヨリ七巻書始了、

（28ウ）

一、ムカイアフミハヤ所ゝヤケ了、

八日、天晴、

濱衆入國す

一、今日早朝ニ又少々其外濱衆入國了、
一、永金時ニ來也、予書写五（六）巻校了、
一、二位下山、聽而ムカイヘ下了、供ニ衛門二郎罷也、
一、掃部助・イホ京へ出了、
一、晩影ニ執当白地來臨了、

　九日、雨下、

□左衛門・智阿弥元三へ參了、
一、晩影ニ坊へ罷了、

（29オ）

　十日、天晴、時々雨下、

□□（一、今）日二位上也、晩影ニ登山也、
□朝ニシセツ各陣候了、
□□（一、法）華經七巻書ハテ了、

大師講

□□（一、寺）家ニハ別当大師講也、少輔・左衛門・智阿弥・弥五郎夕飯ニ罷了、此方へハ被送了、
一、□（記事ナシカ）

　十一日、雨下、

法華經第八巻書寫を始む

一、今日ヨリ法華經八巻書始了、

一、永金予書写七巻校□非時アリ、

（29ウ）

十二日、雨下、

坂田資友近江へ下る

一、今日左衛門尉ムカイアフミヘ下了、

一、京都ヨリ弥六下也、

一、暮程ニ二位・兵衛尉下山了、

十三日、雨下、

□弥六京へ出也、

□ムカイヘ下也、供ニ衛門二郎罷了、

一、晩影ニ兵衛又□山也、二位留寸ニヤトハレ了、

一、執当白地ニ來臨了、

（30オ）

十四日、天晴、

談山明神法樂和歌題を送らる

□□〔一、今〕日中御門〔宣胤〕ヨリ題ヲ二首、談山明神法樂□テ被送写經隙ナサ旁斟酌歸遣也、

法華經第八巻書寫終了

□□〔一、法〕華經八巻書ハテ了、ハヤ一部イテキ了、

善紹年忌提婆品書寫

□十六日善乘〔紹〕ノネンキ也、其タメ提婆品一巻書了、

阿彌陀三十三度禮拜

十五日、天晴、阿弥陀向三十三度礼拜如毎月、

備前の家領より年貢あり

一、今日京ヨリ弥六下也、ヒセンヨリ源六上由也、少ネンクアルカ、

執當坊月次和歌會

（30ウ）

一、今日執当坊月次會[　　　　]就物□」明月ニサタ也、予[　　　]

雲間初鴈　秋夕傷心　□〔旅カ〕宿夜雨

言國詠歌

雲まよりはる〳〵聲をほにあけて山田の面におつる初かり

さら猶《て》秋之夕ハ物うきになにと思ひをしかのなくらん

□袖もしほれと雨の古郷を思ふ旅ねの草の枕に

言國の出題物名和歌の題月にちなむ

予当座出題如此、毎度斟酌トイヘ共、依無出人也、八月十五夜頭人刑部卿　月前風　山月　松月

明〻〔月、下同ジ〕　野〻　河〻　浦〻　古郷〻　山家〻　月前女郎花　〻前蘭　〻〻松　〻〻鶉　□

□旅　〻〻松虫　寄月戀　〻〻旅　〻神祇　□□祝、予□座如此、

山月」

言國詠歌

（31オ）

わきて猶今夜も月とみるかたにくもらぬ月の鏡山哉

松月

誰みよといハせの松を吹にけて風さやかなる月の影哉

古郷月

□猶とをくもみしの里ふりて月にくもらぬことやとハまし

寄月祝

月影もくもりなき世に立歸りいく秋風の吹おさむらん

一、予罷出也、如常内〻ニアリ、

明月酒

一、夜ニ入坊□テ明月酒アリ、予ハタンシユ也、予・執当・宮内卿・刑部卿・宰相・三位同《トウシク》」

道參社了、予供少輔・智阿弥也、

十六日、雨下、

彼岸の入

（31ウ）

一、今日被〔彼〕岸ノ入也、予トキヲシ了、

善紹年忌

一、善紹ノネンキ也、永金時ニ來了、予書写八巻永金校了、

一、衞門二郎□〔ムカ〕カイヨリ上京へ出了、　一、源六下也、軈而ムカイへ罷了、

禁裏御番を甘露寺元長と相博す

一、今日ヨリ五日当番也、甘露寺〔元長〕に相博了、

十七日、天晴、夜入雨下、

一、今日智阿弥・弥六京へ出了、弥六ハスクニゐ中へ可下也、」

（32オ）

一、衞門二郎下、ヤカテムカイへ下也、

一、左衞門尉ムカイヨリ上也、

去六日夜大風に內侍所吹破らる
言國參勤を促される
言國書狀寫内侍所渡御のため參勤を命ぜらるるも病により不參
白川忠富に書狀を送る
彼岸中日
眞如堂へ參詣す

十八日、天晴、
一、今日左衛門尉京都へ出了、
一、昨日之便宜ニ勸修寺方ヨリ申下也《サル、》トテ、去大風ニ內侍所吹破也《間》、ラウノ下北方へ入被申也、如本移《ウツシ》被申ニツイテ、予參懃事、長門守《大澤久守》方ヨリ申下也、今日左衛門上狀持□、如此也、
內侍所渡御□懃事被仰下候、尤雖可存知候、歡樂不具旁故障候、可然樣に御披露所仰」(32ウ)候也、言國恐惶謹言、
―
―
民部卿《白川忠富》かたへ如此狀ニテ內々懇に申遣了、
一、□也、三十三卷心經・同礼拜了、
十九日、天晴、
一、今日智阿弥於晩下了、」(33オ)
□〔一〕披〔彼〕岸中日□時ヲシ了、
廿日、天晴、
一、今日執当・刑部卿・三位・予同道、眞如堂へ參了、同へサイ天へ參也、予・中務少輔也、

一、ムカイヨリ二位上也、ミヤケトテ鯇二進之、坊御猿方へ□弥使ニテ彼魚遣了、

(33ウ)

一、晩及兵衛尉下山了、

一、左衛門京都ヨリ下了、

一、豊後此方へ下マノへ罷了、夜ニ入テ也、

廿一日、天晴、

鍼灸

一、今日此方ニテ兵衛・少納言ニ二位シンキウヲせラレ了、

廿二日、天晴、夜ニ入雨下、

元三大師に代官を遣す

一、今日タイクハンニ智阿弥ヲ元三へマイラせ了、

一、爲祈禱三十頌一巻書写了、奉春日了、

(34オ)

彼岸結願

一、ヒカンノ結願也、予時ヲシ了、

一、永金來、予□写經ヲユイタテ了、

将棊盤

〔一〕□六寸三ホウ計□シヤウキノハンノムマヲ坊猿持來、□アツラヱラル、也、聽而書遣了、

樂吹奏

〔一〕□夜ニ入、盤渉調、宗明樂・蘇合三帖・同急・輪臺青海破〔波〕・白柱・千秋樂フキ了、此間依

近江出兵により物騒

入國物忩□仰了、

廿三日、天晴、

言國誕生日

般若心經を書寫す

勝仁親王御生母新典侍局の病を見舞ふ

大澤久守佛事物を京より下す

南洞院房實三井寺より來る

一、今日左衛門尉元三へ予タイクわンニマイラせ了、今日ハ予タンシヤウ日也、御□三十三礼拜
・同心經了、□心經一卷書了、
（34ウ）
一、智阿弥京都へ使□了、其子細ハ新典侍殿（宮御方御フクロ）（庭田朝子）御局モウ〳〵ノ由□也、」
一、二位登山了、少輔所用アリテ上也、
一、執当來臨了、
（一、京カ）□□都ヨリ人下也、佛事物長門守方ヨリ下也、
廿四日、天晴、時〻雨下、二位下山了、
（一、今）□□日衛門二郎上了、
□クハンニ五十嵐元三へマイラせ了、
（一、永）□□金來、観□經観音品談了、
一、南洞院（房實）三井寺ヨリ來臨畢、
一、智阿弥下也、永金非時アリ、經ヲヨミ了、南洞院同之、」
（35オ）
廿五日、天晴、
□今日二位坊（東）へ罷、雑談在之、永金此方ニテ時アリ、
一、永金ニ非時アリ、以後ツトメ經ヲヨマレ了、南洞院同之、永金此方ニ宿也、

□後入國了、

廿六日、天晴、

妙樹院十三年忌

一、今日妙樹院《山科保宗》十三キ也、時ニ永金・ヒケ坊主・ヱイチン・南洞院・二位來也、方《〔形〕》ノコトクノ佛事也、此サイチ□者共ニコト〳〵ク時ヲクハセ了、此方ノ□也、其後」サイチ所〻者共入□チ□ウサイ也、

(35ウ)

高倉永康夫人山科家を訪ふ

一、藤宰相女中御《御方ノ》千來《下》〻□來、ユトウ其外ミヤケ共アリ、色〻ニテ酒ヲマイラせ了、此方女中皆見參了、予モ參會也、予ハ□也、兵衞・少輔・左衞門・智阿弥召出酒ヲノマせ了、御千夕飯此方ニテアリ、女中シヤウハン也、其マヽ被宿也、予ハ二位方ニアリ、

眞如堂へ參詣す

一、予眞如堂へ參了、南洞院同道也、予供兵衞・左衞門也、猿若也、

法華經書寫

布施あり

□《〔一〕》彼佛事ノ予カンキン、法華經一部漸写《不借他筆》、光明眞言千反・隨求陀羅尼千反・錫杖十巻・念佛百万反・一字キンリン千反也、僧衆カタノコトクフせアリ、」

(36オ)

一、衞門二郎京ヨリ下了、

廿七日、天晴、

□今朝二位ムカイへ下也、供ニ衞門二郎罷也、

□御千ニ此方ニ朝飯アリ、予シヤウハン也、酒アリ、同女中同之、飯以後被歸了、

將棊

□□へ罷、執当・南洞院シヤウキアリ、予酒ヲ取寄興行了、坊御猿被來也、

坂本濱見物に赴く

□予濱一見ニ罷也、南洞院同道、予供兵衞・左衞門也、猿若□□、

一、晩影ニ執当坊へ罷□、酒アリ、古酒也、

一、兵衞登山了、□□也、

廿八日、天晴、

（36ウ）

□今日南洞院寺へ被歸了、供ニ智阿弥罷了、

□□部助下也、

將棊

一、刑部卿來、予トシヤウキヲサヽレ了、□〔坊〕ノ猿モ被來了、

廿九日、天晴、

□□智阿弥京都へ上了、

一、栗見三位來臨也、

○以下文明七年六月一日―九日ノ記事ナレドモ、イマ現綴順ニ從ヒココニ收ム、

# 〔文明七年六月〕

(37オ)

朔日祝

□〔一〕日、雨下、及晩影□、

[　　　　]□〔祝〕着如恒、日出了、

將棊

□礼ニ來、中務少輔〔頼久〕□〔シ〕ヤウキヲサ、レ、スコク[　　　　]栗見三位・坊猿礼ニ來了、

[　　　　]衛□郎下也、

[　　　　]樂・海青樂・拾翠樂急・鳥急吹也、

延暦寺六月會勅使勸修寺政顯

[　　　　]今日大會也、勅使右中弁〔勧修寺〕政顯也、

□〔二〕日、天晴、

□日衛門二郎上也、

(37ウ)

樂吹奏を習す

□盤渉調ゝ子、採桑老〔只拍子〕・蘇合三帖・同急・輪臺青海破〔波〕・」竹林樂・白柱フキ了、

□□〔三日〕、天晴、

御影箱をよそに預く

[　　　　]務少輔御影箱大モタセ罷、預置ナリ、

樂吹奏を習す

□□明樂・万秋樂序・同破・同二帖・□□越殿樂・千秋樂、

□□可來申使アリ罷、酒アリ、髗而□□也、俊藏主・岩崎同道也、兩人□□

□□、岩崎酒ヲ□寄了、」

夕立

（四日）□□、天晴、及晩影大雨下、夕立樣也、

（38オ）

一、□朝飯中酒ヲ俊藏主興行了、

樂吹奏を習す

□□颯踏・同入破・陵王破・賀殿急・□波・酒胡子・武德樂フキ了、

□□飯ア□トテ□□□□崎罷也、（長門守・岩カ）（大澤久守）

五日、天晴、

□□彼兩人ニ此方ニテ朝飯アリ、

一、白地ニ執当來臨也、

山科家家人等上洛す

一、□飯以後岩崎・俊藏主上洛也、掃部（重有）モ上、□門守二位坊へ上了、今日逗留也、兵衛アルニヨンテ也、」

（38ウ）

一、及晩影執当來臨也、スコク雜談在之、

樂吹奏を習す

一、平調、萬歲樂（只拍子）・三臺急・甘州・五常樂急・□（鶏）德吹也、

（六日）□□、天晴、

樂吹奏を習す

□□調、万歲樂（只拍子）・春楊柳・太平樂急・□□・老君子・林歌フキ了、

□下山了、
〔七日〕□□、〔天晴〕□□、」

（39オ）

樂吹奏を習す

□今日雙調、鳥破・同急・颯踏・同入破吹也、

延暦寺南谷と無動寺合戦に及ぶ

□會依出仕事、南谷・無童〔動寺〕子弓矢ニ及也、
□蓮如坊ニ預置カわコ二取ニ上、先二位□ヲク也、弥五郎・衛門二郎上也、
□位下山也、風呂ヲ興行也、予□也、二位聽而登山了、

八日、天晴、

樂吹奏を習す

一、今日雙調樂、賀殿急・胡飲酒破・酒胡子・武德樂フキ了、

（39ウ）

豐原統秋に預く樂方等三合を取寄す

延暦寺合戰を危惧す

一、豐〔統秋〕將監方ニ預置樂方事二合、又クウノ入一合」以上三合取寄也、山ノ弓ヤニツイテシヤウ
モサわク由ノ間、取寄了、
一、今日わ未無弓矢、

〔九日〕□□、天晴、

延暦寺南谷にて合戦あり無動寺勢勝利南谷坊舎悉く破壊さる

□過時分ニ於南谷カツせンニアリ、ムトウシ□カチ少々人共ウタル、コトく
クチリ□了、坊共皆キリスヘコハイニナシ了、
□事也、

樂吹奏を習す

□□〔一、豐〕將監來了、
□青樂・拾翠樂急・鳥急、」

# 〔文明八年〕

（柳原紀光後補表紙表書）

「文明八年春

言國卿御記」

（原表紙）

正月小敍位事小折紙アリ、内侍所御神樂事、西口闕女房御文案、室町殿御會始、

二月大御方御所御矢開事、

三月小廿六日マテ在京也、

僻日記　文明八

（山科言國）

（原寸、縦二四・六糎、横二一・五糎）

言國本年二十五歳、従四位上、内藏頭、正月六日敍正四位下

（1オ）

# 正月小

一日、天晴、

一、今日祝着如恒、目出度〱、

四方拜

一、四方拜如年、(脱アルカ)奉行右中弁政顯(勸修寺)、御劒頭中將實隆朝臣(三條西)、

脂燭藏人
言國御前装束の事に參內

一、藏人兩人シソクニコウス、菅原在數(唐橋)・橘富仲(マヽ)(五辻)也、御服ニ源大納言(庭田雅行)參、御前装束予參了、

一、以量(薄)番代ヲ予存知也、トテモ御祝ニ祇候間也、

御强飯供御
祇候人數

一、御コハ供御七過時分ヨリ參、夜ニ入メシタシアリ、如毎年御サカ月チヤウタイ、シコウ」ノ人數、

（1ウ）

源大納言・按察使(甘露寺親長)・右衞門督(四辻季春)・大藏卿(西坊城顯長)・民部卿(白川忠富)・右宰相中將(正親町公兼)・万里少路兒(賢房)(小、下同ジ)・實隆朝臣・俊量朝臣(綾小路)・爲親朝臣(五條)・元長(甘露寺)・菅原在數・橘〔源〕富仲・菅原長胤(東坊城)、

伏見殿に祇候

一、伏見殿(邦高親王)御祝ニメサレ祇候了、

一、若宮(勝仁親王)御方御コハ供御參、各メシタシ御シヤク、

一、アサカレイ參、東向ニテ也、

元日の節會平座
少納言不參

一、元日節會平座也、上卿勧修寺(教秀)大納言、參議右大弁宰相(柳原量光)、弁元長奉行也、納言少納言不參也、

一、右大弁御礼ニ申入也、申ツキ予、同宮御方、

一、三条西陣屋ヘ來コシラヘ參內了、」

吉書始

一、吉書始了、

(2オ)

二日、天晴、

二日御祝

一、今日祝着如恒、珍重〱、

一、勧修寺・飛鳥井(雅康)・藤侍従・渡邊源六礼ニ被來也、

薄以量の番代
に祗候す

一、以量晝夜番代ニ予シコウ了、御スヘニテ酒アリ、

一、長橋局(四辻春子)・伊与殿被出、予モアリ、スヘ者共ニクコンタフヘキ用也、

一、三条西陣屋ヨリコシラヘ御祝ニ被參了、

御强供御

一、御コハ供御昨日同之、今日ハ廣橋(綱光)・同弁(兼顕)祇候也、

足利義政義尚
父子參內す

一、年始御參內アリ、武家(足利義政)御供兼顕朝臣御劔、御方御所(足利義尚)御供予也、同御劔也、メシタシノ人數、廣」
橋・勧修寺・飛鳥井、

(2ウ)

日野勝光祗候

一、御參內以後、日野(勝光)御前ニ祇候也、インコンアリ、勧修寺・飛鳥井ニモ御サカ月被下了、

勧修寺教秀等
勝仁親王に年
始禮に參る

一、宮御方ヘ勧修寺・廣橋・飛鳥井御礼申、御對面アリ、申ツキ予也、

勝仁親王御强供御
後土御門天皇方違行幸供奉衆
御前に召され書物をいたす
御强供御
伏見殿御祝に召さる
廷臣幕府參賀
足利義尚對面
日野富子へ祝詞を申入
中次春日局
諸家に年始禮に參る

一、若宮御方御コハ供御參、メシタシニ少〻參了、予モ參也、

一、十二月間へ御カタ、カヘ也、御供大典侍局(萬里小路命子)・權典侍局・新典侍(庭田朝子)・勾当內侍(四辻春子)・伊与殿、男衆、民部卿・右宰相中將・爲親朝臣・予也、御サカ月參了、

三日、天晴、

一、今日晝夜以量番代ニ祗候了、

一、早朝ニメサレ御前ニテ物ヲカ、セラレ了、」

(3オ)

一、御コハ供御如昨日、各祗候也、御シヤク御コサカ月同前、七時分參了、

一、若宮御方御コハ供御參、メシタシ同前、

一、伏見殿御祝ニ予・三条西メサレ祗候了、

四日、雪下、

一、今日早朝ニ參賀也、冷泉大納言(爲富)・民部卿・勸修寺弁・万里少路兒・予也、吉田藏人御方(兼致)御所御對面也、御臺(日野富子)へ申入也、申ツキ春日局也、」三宝院(政深)へ皆同道參了、

(3ウ)

一、方〻同道礼ニ罷所〻、日野對面・廣橋同・勸修寺・伊勢留守(貞宗)・北小路殿對面(日野苗子)・馬頭(細川政國)タイメン・ソウメイ(細川政元)・左衛門留守督(畠山政長)・轉(公敦)法輪三条・三条・四辻・正親町(公兼)・三条西・滋野井(教國)・れんキ(永俊)御酒被下・南御所(足利義政女)御タイメン・キヤウケン(同山等賢)院殿・御室(道永法親王)御對面・中院(通秀)同・武者少路(縁光)・安禪寺殿(應善女王)御サカ月被下、・眞乘寺殿同・曇花院殿(芳戚元揉)同・舊院上﨟・大

勝仁親王御所へ參る
下姿
高倉永繼陣屋に年始禮に參る
飯尾彦六左衛門
三條西實隆今夜敍位の事に山科家に來る
言國敍位儀見物に參內
敍位儀
近衛政家拜賀

納言局、冷泉・民部卿・予同道也、
一、陣屋ヘモ方々礼ニ來了、
五日、天晴、
（4オ）
一、今日朝飯〔汁〕左衛門(坂田資友)興行也、佐渡・弥四郎來也、
一、予シモスカタニテ宮御方ヘ參、白地ニ也、伏見殿參色々御物語申入了、御酒被下也、
一、暮程ニ藤宰相陣屋ヘ礼ニ罷也、女中ヘヤナキ一・カヽン一遣也、女中モ留寸(守、下同ジ)ニテ聽而罷歸了、
一、カウシユ院ヘ御礼ニ參、御對面了、
一、四辻・甘露寺・イノウヒコロク左衛門等礼ニ來也、
六日、雨下、
一、今日方々ヨリ礼ニ來了、
一、夕飯汁石崎張行也、佐渡・弥四郎來了、
一、三条西來、今夜ノ敍位ニ此方ニテコシラヘ被參了、
（4ウ）
一、夜ニ予衣冠ニテ參內、敍位爲見物也、
一、夜入マツ冷泉大納言拜賀也、トカクシ着陣也、同右大弁(柳原量光)拜賀、是モ着陣也、次近衛(政家)殿内

扈從公卿

府之拜賀アリ、コシヨウ廣橋大納言・同頭弁・竹屋(治光)、其外武者少路宰相今夜拜賀ナト也、諸大夫ナトアリ、次ニ內府陣ニ御ツキアリ、次陣儀以後殿上ニ御ツキアリ、次ニ內〻御礼被申、御對面アリ、

關白二條政嗣參內

一、白關白(二條政嗣)被參了、皆拜賀以前ニ被參了、

雨儀

關白內大臣殿上に着座

(5オ)

一、各陣ニツキ敍位儀沙汰也、雨儀ニヨンテ、ラウノ下南カイヲアカラル、也、白關(マヽ)・」內府先殿上ニツカル、也、其ヨリ御前ニ祗候了、次納言▨ハコフミヲ持參、スクニ座ニツカル也、

陣儀
內覽の次に奏聞

一、マツ內覽陣儀御前▨《ア》リ、ツキニ奏聞、弁、頭弁兼顯朝臣・頭中將實隆朝臣・右中弁政顯也、奏聞時迄左少弁元長參了、

參仕人數

一、參仕人數、白關白・近衞殿・冷泉大納言・廣橋大納言・右大弁也、

伏見宮邦高親王參內
敍位見物
言國加級正四位下

一、皆參仕以前ニ伏見殿年始御礼ニ御參、先如每年インコムアリ、其マ、御座アリ、敍位御見物了、コヲリカミ如此、予モ一級、珍重〱、

入眼上卿

一、シユカンノ上卿冷泉大納言也、大內記菅原長胤、」

(5ウ)

加級の人々

二　品邦｜高親王　　中原師富　中原師富

從一位藤原政基(九條)　　從四位上藤原公藤(西園寺)

從二位藤原（清水谷）實久
同（勸修寺）經茂
同（德大寺）実淳
同（中御門）宣胤
同（松木）宗綱
源（白川）忠富
前左大臣当年御給（高倉）
藤原永繼
從三位源（足利）義ー　尚
正四位上藤原（廣橋）兼顯
同（三條西）実隆
（6オ）
正四位下藤原爲保
菅原（高辻）長直
藤原（橋本）公夏
同（小倉）季熈
同（山科）言國

從四位下源（北畠）政郷
紀（富小路）種直
卜部定行
正五位下藤原嗣賢
同（松殿）忠顯
從五位上惟宗行長
藤原顯基
從五位下藤原（飛鳥井）雅連
同宗時
執筆内大臣政家公初度、
奉行頭左中弁兼顯朝臣

執筆近衛政家
奉行廣橋兼顯

七日、天晴、

幕府に參賀足利義尚對面太刀進上

一、今朝參賀也、予モ出仕、武家御方御所御對面也、予ハ一級間、武家ヘ計ニフリ御大刀進上了、

加級御禮に參內

一、禁裏早朝ニ一級御礼ニ予參內了、

御強供御參仕人數

（6ウ）

一、七時分ニ參內申、如常御コハ供御參了、今日參仕人數、源大納言・按察使・衞門督・」滋野井宰相中將・民部卿・正親町宰相中將・頭中將・万里少路兒・俊量朝臣・爲親朝臣・元長・藏人長胤・予、

一、如毎年今夜御局扇各ニ被下了、

伏見殿に祇候

一、伏見殿御祝ニ予ヲメサレ、シコウ了、

勝仁親王御強供御

一、若宮御方御コハ供御參、メシサシ（マヽ）、少々予祇候了、

三條西實隆より酒を贈らるまた實隆陣屋へ赴く

一、予陣屋ヘ三条西桶一被送、御祝以後三条西陣屋ヘ予同道、綾少路モ來、酒アリ、西陣屋」ヘ被宿了、

八日、雨下、

大炊御門信量番代に祇候長橋局酒あり

（7オ）

一、今日右大將（大炊御門信量）番代ニ祇候了、予下スカタナリ、長橋局ニテ酒アリ、

伏見殿に召さる

一、伏見殿ヘメサレ御酒被下也、御カツシキ御前始テ御參アル故也、

大元帥法始行
一、自今日タイケンノ法也、アシヤリ〔シ脱〕、ヤウ院（理性院公嚴）也、

護持僧參賀
一、御チ僧ノ參賀、禁裏（後土御門天皇）ヘモ被申、下スカタアイマシハル、」（7ウ）

九日、雨下、

日野勝光邸にて酒飯あり
一、今日日野ニ夕飯アリ、予罷出了、冷泉大納言・源大納言・四辻・町・新藤宰相・西坊城・柳原・予罷也、飯以後大酒アリ、

廣橋局
一、廣橋局ノ局事也、廣橋・同弁出來、予モ罷、ヤナキカタ〳〵一色遣也、日野ノカヘサニ罷夜フクルマテ酒アリ、

十日、雪下、

大澤久守鞍馬へ参る
一、クラマヘ長門守（大澤久守）甘露寺ニ同道參了、」（8オ）

四辻季春の番代に言國祇候
一、今日四辻番代ニ晝夜シコウ了、

參賀申次
一、各參賀也、禁裏ヘモ申サル、申ツキ左少弁也、予モ少〻申ツキ、

禁裏女中申沙汰の酒あり
謠
雪打ち
一、女中申サタニテ御酒アリ、伏見殿御參、源大納言（庭田長賢）入道・同大納言（雅行）・民部卿・正親町（公兼）・俊量朝臣・予祇候也、ウタイアリ、御酒以後御雪ウチアリ、

一、伏見殿ヘ梶井宮（堯胤法親王）大原ヨリ御上アリ、」（8ウ）

十一日、天晴、

聯輝軒永俊山科家を訪問

一、今日レンキ礼ニ陣屋へ被來了、

山科家樂始

一、祝言計ニ樂始了、陣屋ニテ也、万《樂拍子》歳樂・五常樂急・太平樂急也、

足利義政參内宮方の田樂沙汰

先に日野富子參内

一、七時分ヨリ御參内アリ、伏見殿・安禪寺殿・曇花院殿・眞乘寺殿ナトノ田樂事御沙汰也、御參内以前ニ御臺マツ御參アリ、年始御礼御申アリ、三コン參、其以後御參内、御供兼顯朝臣、御劒祗候ノ近身衆、」（9オ）廣橋大納言・源大納言・衛門督（四辻季春）・民部卿・右宰相中將・兼顯朝臣・実隆朝臣・予・俊量朝臣・爲親朝臣・元長・橘《源》富仲・菅原長胤、大御酒アリ、夜ノ八過時分ニ御酒ハテ了、色々皆マイアリ、

十二日、天晴、

禁裏近臣衆酒饌を獻ず

一、今日近身輩申沙汰也、七時分ヨリ各祗候也、參仕人數、源大納言・右衛門督・」（9ウ）滋野井宰〔前脱カ〕相中將（敎國）・兵衛督・大藏卿（西坊城顯長）・民部卿・万里少路兒・実隆朝臣・予・俊量朝臣・爲親朝臣・元長、廣橋不參也、各御銚子ヒサケ一色也、廣橋・飛鳥井・万里少路一カク也、七《曉》時分ニ御ハテ了、御ヒク御所昨日マヽ、御座也、御臺御參アリ、

日野富子參内

當座和歌御會あり

勅題

一、御当座アリ、武家ヘモ御題被進也、御使兵衛督、勅題也、同ヒコウアリ、カウシ俊量朝臣、トクシ大納言（庭田雅行）、ハンセイ飛鳥井、

予歌如此、　江寒蘆　三十首也、
難波江やよせくる浪の音ならて猶色さむき霜のしらあし
言國詠歌
ヒコウ以後御酒コル也、シユンノマイナトアリ、
巡舞あり
（10オ）
一、中院（通秀）今日礼ニ來臨了、
十三日、天晴、毎月念仏、
月例念佛
一、今日藤宰相女中へ罷也、夕飯アリ、
一、宿ニ予三条西番代ニ祗候了、
一、御方御所へ武家御申アリ、猿樂アリ、禁裏御ノソキアリ、予モ同之、
幕府猿樂を催す
後土御門天皇御窺見る
十四日、天晴、
（10ウ）
一、今日晝計三条西番代ニ予參了、
一、庭田陣屋汁アリテ罷也、予銚子ヲ一色遣候也、民部卿モ被罷同之、
庭田家にて汁會あり
一、御前ノ御シユツライヲシナヲサせラル、ナリ、源大納言・民部卿・予番ニカハリ奉行了、
御前習禮あり
一、長橋局へ一カク・一色遣也、夕飯モタせ中酒ニアリ、源大納言・御今參被來了、
長橋局へ物を贈る
一、勸修寺三打丁五ホン進上了、
勸修寺教秀三毬丁竹を獻上
（11オ）
一、今日モ猿樂アリ、昨日ノ所也、
幕府猿樂を催す

言國三毬丁竹を獻上
御强供御に參内
祇候人數
天酌
伏見殿に召され參内
三毬丁をはやす
青侍に酒を給ふ
禁裏恒例百萬遍念佛
言國七萬遍

十五日、天晴、
一、今日祝着如恒、目出度〱、
一、予御サキウチヤウ五本進上了、
（11ウ）
一、御コハ御供ニ參内申也、夜ニ入アリメシタシ、此間同之、祇候人數、源大納言・按察使・衞門督・滋野井宰相中將・大藏卿・民部卿・」右宰相中將・万里少路兒・実隆朝臣・予・爲親朝臣・元長・源富仲、テンシヤク、御サカ月チヤウタイ如常、
一、伏見殿御祝ニメサレシコウ也、
一、御祝以後サキウチヤウハヤサセラル、ナリ、各祇候、青使〔侍カ〕共也、其後御酒青使〔侍カ〕共被下也、
一、サキウチヤウ以後若宮御方御祝アリ、又メシタシ少〻參了、予同之、」シヤク藏人也、
（12オ）
十六日、天晴、
一、今日ヨリ当番也、早朝ヨリ祇候也、
一、如毎年百万反御念仏アリ、男衆、伏見殿・庭田入道・源大納言・民部卿・頭中將・予・以量也、各女中以下也、御テンシムアリ、予七万反也、伏見殿ヘハ予御使ニテ十万反札ヲ持參申也、

言國申次の人數

明日禁裏酒宴により廷臣を召さるにつき言國使を遣す

一字禱

八幡懺法

禁裏近臣に先日申沙汰の御返報あり

幕府的始

伏見殿參內

雪打ち

（12ウ）

一、予申ツキノ人數事、御對面、廬山寺・二尊院（善空）両人御巻數進上、宮御方へ同之、百万反同喝食、安樂光院・雲龍院、カウサウ」通俊今日ヨリ御番下スカタ也、冷泉三位（政爲）御對面也、

一、明日インコン可有也、御所様御沙汰也、廣橋・飛鳥井・新藏人方へ可有祇候由使遣也、予承也、伏見殿ハ予參申入了、

一、民部卿時ヲシヤウハンシ了、

一、以予廣橋一字禱ヲ申出也、聽而返上了、先度御当座ヲモ申出也、同之、

十七日、天晴、

（13オ）

一、今日八幡センホウシ、御礼ニ參內、申ツキ」予也、御對面アリ、御太刀進上了、

一、先日皆申沙汰ノ御ヘンホウアリ、各祇候也、廣橋大納言・源大納言・按察使・衛門督・滋野井宰相・民部卿・飛鳥井兵衛督・右宰相中將・実隆朝臣・予・佐爲親朝臣・元長・以量・源富仲・菅原長胤、

一、御方御所御ハマトハシメ也、夜ニ入御太刀參也、武家衆・廣橋・滋野井計也、御太刀以後又歸參、大御酒也、伏見殿御參アリ、」

十八日、雪下、

（13ウ）

一、今朝御前ニテ御酒下サル丶也、御カツシキ御前御シヤク也、実隆朝臣モ未祇候也、御雪

ウチアリ、事外也、

勝仁親王御所女中等雪打ち

一、宮御方女中以下シンテンニテ御雪ウチアリ、予モ參、女中ニテ又予ニ御酒被下也、

一、伏見殿ヘ御ヒクニ御所ニ御礼ニ御參アリ、御酒アリ、予モメサレシコウ了、」

長橋局

(14オ)一、民部卿・伊与殿ヲ長橋局ヘ□ヨハル、スヘノ物兩二三人モ來、予ソト罷也、

一、今日庭田祇候來了、

十九日、雪下、

幕府和歌會講師三條西實隆

一、今日武家御會始也、如毎年各參了、三条西始參、カウシ也了、

禁裏御造作奉行を勤む

一、御サウサク也《ア》り、北向御シユツライヲシナヲサせラレ了、奉行民部卿・予ナリ、

雙紙を綴ぢさせ下題を付す

(14ウ)一、予キヤウノタイムニ御双帋ヲトチサせ了、」同下タイヲ、サせラレ了、家集也、

一、夜ニ入、民部卿陣屋ヘハシメテ庭田同道、一種チヨウシヒサケ持罷也、酒アリ、

一、執当上來、タルヲ持來了、

廿日、雨下、

一、今日朝飯汁、此方ニ興行、民部卿被來、酒アリ、櫻井新五郎モ來了、

造作奉行を勤む

一、御サウサク奉行、民部卿・予也、

一、源大納言御シタ、メニ被參了、」

內侍所神樂裝束
雨儀により中門廊下にて行ふ
奉行三條西實隆
御造作の事により參內
足利義政參內田樂張行
祇候の人數
只祇候衆
尼宮伏見殿及び日野富子參內
足利義政酌天酌

(15オ)一、內侍所神樂アリ、四時分ヨリハシマル、先御裝束メサル也、御裝束ニ源大納言也、同御前裝束予也、今夜雨儀也、ラウノ下ニテ也、散狀如此、奉行頭中將実隆朝臣也、頭弁兼顯朝臣御簾・御キヨ、頭中將御ケン、左少弁元長御クツ、」

廿一日、天晴、」(15ウ)

(16オ)一、今朝禁裏ヘメサレ祇候了、御參內ニヨリ御サウサク色〻ノ事共也承《ヲ》了、

一、八過時分ニ御參內アリ、近身輩申沙汰也、田樂事也、各二種又ハ一種・一桶持參也、御カハラケノ物也、コトイリナリ、予雁ノコサシ同一桶進上了、

一、祇候人數事、內府・左《新衆》大將(轉法輪三條公敦)・勸《同》修寺・廣橋大納言・源大納言・按察使・右衞門督・滋野(前脱カ)井宰相中將・民部卿・兵衞督・大藏卿・右宰相中將・兼顯朝臣・実隆朝臣・予・爲親朝臣、只祇候衆、元長・俊量朝臣・菅原在數・源富仲・菅原長胤、」

安禪寺殿・曇花院殿・眞乘寺殿・伏見殿・御臺御參アリ、三ンコン《(マヽ)》メニ武家御シヤクニテメシタシアリ、テンシヤク一度、日野一度御クハヘ頭弁、右大將一度御クワヘ頭中將、廣橋大納言一度同、源大納言一度御ヒサケ予、其外女中以下也、八《夜》時分ニ御酒ハテ了、廣橋御坏臺進上也、」(16ウ)

(御カ)□クシナトアリ、

一、今日執当下了、

廿二日、雨下、

非番と雖も召されて候す

（17オ）
一、今日ヒハントイへ共、メサレシコウ了、御サウサク色々事共被仰付也、」

御酒を賜ふ

一、御前ニテ御酒被下也、滋野井・民部卿・予也、

廣橋御局

一、廣橋御局ニテ酒アリ、夜マテ御前ニ隙イルナリ、

一、今夜伏見殿シコウシ了、御物語申入了、

廿三日、天晴、

滋野井教國に代り参候

一、今日晝計、滋野井番代ニ祗候了、

勝仁親王より酒を賜はる

一、若宮（勝仁親王）御方ニテ御酒被下了、

言國休暇を賜ふ

一、兵衞・掃部・式部・智阿弥迎ニ上了、

（17ウ）
予明日可下御暇ノ事申入也、來月二日又田樂事御參內アリ、其マテシコウスヘキ由被仰」下也、畏由申、

一、兵衞・式部ニ予サカ月ヲタフ也、

勝仁親王に蜜柑献上

一、若宮御方へミカン一ツヽ、ミ進上了、

廿四日、天晴、

一、今日兵衞尉・掃部・式部・智阿弥下也、

長坂口西口兩關の事に女房奉書出さる

後土御門天皇女房奉書寫

内侍所御燈料關

關停止は曲事たる事を幕府に申入れせしむ

一、長坂・西口就關事、此間度々申入、御文如此被出間、御礼ニ參內申、軈而退出了、」（18オ）

ないし所の御とうれうのせきの事、かしこまり候よし申候て、またあけさせ候事くせ事にて候、御とうたいてん候ハんすれは、かたくかさねておほせつけられ候へく候よし、むろまちとのえ御心え候て御申候へく候、かしく、

ひろはしの大納言とのへ

一、夜ニ入、廣橋陣屋へ彼御文被申出礼ニ罷出了、」（18ウ）

廿五日、天晴、雨下、

伏見殿へ參る

一、今日伏見殿へ▒▒參、色々御物語申入也、御酒被下了、

十首御題言國詠歌

一、十首御題ヲ宮御方へ申入、予興行了、予愚詠如此、簷梅、待戀、

紅の小染の衣にあらねとも色かそふかき軒の梅かえ

そなたにハきこえぬ物かまちわひて心つくしの入あひのかね

後土御門天皇に召され祗候

一、暮程ニ以滋野井予ヲ禁裏へメサル、也、軈而祗候申、御酒アリ《被下》也、滋野井・民部卿・予」（19オ）・爲親朝臣シコウ也、御夕キ火アリ、

廿六日、天晴、

第二皇子に栗を獻上

一、今日下スカタニテ長橋へ參、二宮御方へクリ一ツ、ミ進上了、以長橋、予ニ今日《只今》可祗候

之由被仰下也、聽而參、御前ニテハナヲタテサセラレ了、▒▒東《准后》トイトノ当年ハシメテ
御參アリ、イコンアリ、其故予メサル、也、准后御シヤクニテメシタシアリ、民部卿・
大藏卿《番衆》・予・爲親朝臣・菅原《番衆》在數、

一、廣橋番始也トテ一桶・三色持參、大酒アリ、番衆ナラス、近所ノ陣屋衆ヲヨ《申サ》ハレ被參了、

一、予御前ヘメサレ、夜又御物語申入了、」

(19ウ)

廿七日、天晴、

一、今日伊勢所ヨリ使アリ、明日御連歌ノ役《ヤク》奏に參せ也《ノ》、不具ノ由申トイヘ共、堅廣橋ヨリ被申間可參分也、

一、坂本ヨリ弥六上了、梅之枝上也、

一、下姿ニテ御前ヘ白地參、廣橋御番祗候間、物ヲ申了、禁裏梅之枝進上了、」

(20オ)

廿八日、天晴、晩影雨下、

一、今日武家御連歌也、予ヤクソウニ參也、頭弁兼顯朝臣・右中弁政顯・予各大口ヒタ、レ、如毎年五コン參也、初コンヲモテ八句過テ參、御シヤクシヤウシユンタイニ番にヲリテトル也、御せンモ同之、五十イン過テ供御參也、一ノ御ハン頭弁、二予、三右中弁、三ヨリ次第ニコレヲアクル也、二条大閤(持通)・青蓮院(尊應)・実相院(増運)・前内府(道興)・シヤウコ院也、又各、

後土御門天皇に召され花を立つ

廣橋綱光番始とて酒肴持參

言國御前へ召され物語を申入る

明日の幕府連歌會の役奏を命ぜらる

禁裏に梅枝獻上

幕府連歌會大口直垂を着す

五獻

五十韻の後供御を參る

參會の人々

宗祇は初参

馬頭・伊勢・杉原（宗伊法師）・ハカ（垪和）執筆・杉原掃部（長恒）アキ アキ・三井・アケチ（明智政宣）初参・宗祇（飯尾）・エイアミナリ、御ホンク如
此、」（20ウ）

トケリ（マヽ）ニケリさ浪ノ花ノヒモカ、ミ　相
吹モノトケキ池ノ春カせ　藤
カケフカキ岸ノ青柳露落テ　青

夜五時分ハテ了、

幕府御修法を行ふ

一、於武家自今夜ミシヲアリ、青蓮院被參了、シソクニ爲親朝臣・基富・菅原在數、

大澤久守幕府松御庭に召さる

二月二十八日幕府矢開に言國御配膳役を命ぜらる

一、御連歌以後、退出之後、傳奏ヨリ長門守ヲ武家松御庭へサメル（マヽ）、也、來月廿八日御方御前御矢開也、御ハイせンニ予可參由被仰下也、先畏由申了、故中納言參例也、

廿九日、天晴、

一、今日庭田陣屋殿上人罷アソヒ了、

後土御門天皇に召され花を立て幕府連歌會の事尋らる

一、御前ヨリメサル、シコウ申、ハナタテサせラル、也、又昨日御連歌事共御尋アリ、

（21オ）一、夜ニ入、長橋局へ女中衆御出アリ、男少々」ヨハレ罷、源大納言・四辻・頭中將・予也、」

○第二十一紙裏記事ナシ、

（22オ）

# 二月

一日、天晴、

一、今日祝着如恒、目出度了、

一、陣屋へ方〻礼ニ來了、

一、夕飯汁・中酒、石崎興行了、

日野廣橋庭田邸へ朔日禮に赴く

一、暮程ニ日野（勝光）・廣橋（綱光）・庭田（雅行）礼ニ罷了、

朔日祝に參內

天酌あり

祇候人數

一、御祝ニ參內申、如常テンシヤク・メシタシアリ、各祇候人數、源大納言（庭田雅行）・衞門督（四辻季春）・民部卿（白川忠富）・大藏卿（西坊城顯長）・右宰相中將（正親町公兼）・万里少路兒（賢房）（小、下同ジ）・實隆朝臣（三條西）・予・俊量朝臣（綾小路）・元長（甘露寺）・源富仲（五辻）、」

（22ウ）

一、先メシタシ以前ニ番衆ニテテン酒ヲ各被進了、

伏見殿參內

一、御祝以後、伏見殿（邦高親王）御礼御參、三コン參也、

一、伏見殿へ予御礼ニ申參、御サカ月被下了、

二日、雨下、

禁裏女房衆申沙汰田樂

一、今日女中衆田樂事申沙汰也、人數、上﨟御坏臺・舊院上﨟御坏臺進上也、・大典侍局・權典侍局・新典侍局・勾当内侍（四辻春子）・新内侍・御チ人・伊与殿御下・同御今參局也、各器物二色・一桶進上了、

足利義政參内
尼宮方伏見殿及び日野富子參内
言國御劍役を勤む

（23オ）
一、八過時分ニ御參内、御供、兼顯朝臣（廣橋）御劒也、伏見殿・」御臺（日野富子）・安禪寺殿・曇花院殿（芳咸元揉）・眞乘寺殿御參アリ、夜ニ入御酒ノアイニ御立ノ時ハ兼顯朝臣御ラウソクヲモツ、予御劒ニ參也、毎度如此也、

祇候の男衆

夜八過時分ニ御酒ハテ了、祇候男衆、勸修寺大納言（教秀）・廣橋大納言・左大將（轉法輪三條公敦）・源大納言・右衞門督（四辻季春）・滋野井宰相中將（教國）・右宰相中將・兼顯朝臣・實隆朝臣・予・俊量朝臣・爲親（五條）朝臣・元長・以量（薄）・源富仲・菅原長胤、

三日、天晴、

廣橋兼顯に矢開の様を尋ぬ
禁裏殿上に參り東構を見る
遊山

一、今日廣橋御方へ罷也、御矢開ノ樣ヲ尋了、大納言・予同道、禁裏殿上參也、廣橋同道、右大弁（柳原量光）・予・右《左》（甘露寺元長）少弁・卜部兼致東カマヘヲ見了、遊山也、

一、伏見殿へ參也、女中ニテ御酒被下也、」

（23ウ）
一、夜弥四郎・佐渡來也、弥四郎ユトウ持來、酒アリ、

足利義政白川忠富邸へ物を贈る

一、民部卿方へ室町殿ヨリ白山寺五荷・ク、ヒ・タイ五マイ・アイ《ユ》ノスシヲケ一被遣了、明

日禁裏女中被申其爲欤、

四日、雨下、朝晴、今日少輔（頼久）上洛了、

一、今日花山へ母儀事ヨリテ罷也、同局へモ申也、正月八年始間、遅々トイへ共罷、此ツイ
（24オ）
テナカラ、二尊院（善空）先度礼ニ被來礼ニ」罷也、

一、民部卿陣屋へ禁裏女中被申也、八時分ヨリ御出アリ、大典侍局（一荷二色）・新典侍局（一荷器物二色）・長橋（一荷二色一色一）・御チ
人（桶）・武家新大納言局（一荷折二合）・光花院（一荷二色）、男衆廣橋（一荷一色）・同御方（二色一桶）・源大納言・四辻（□□被罷）・予（同）也、予▒ヲサへ
物三種昇（遣）了、五コンアリ、其以後器物ニテ大酒アリ、曉七時分マテアリ、酒半ニ兼致（卜部）ヲ
メシ、ゝゝヤクヲトラせ了、予青侍左衞門（坂田資友）ナトヨヒ（メシ）、へイケヲカタラせ了、皆々申間也、
異興也、

五日、天晴、

一、今日伏見殿へ參、妙法院（教覺）御座ナリ、御酒アリ、

（24ウ）
一、大典侍御局へ罷、源大納言・廣橋弁局事也、」酒アリ、予夜酒ニイサ、カノミ了、

一、頭中弁廣（兼顕）同道御庭一見了、其以後殿上ニテ色々雜談了、

一、夜ニ入民部卿番代ニ祇候了、妙法院御礼ニ御參アリ、インコンアリ、妙法院御シヤクニ
テメシタシアリ、人數予・元長・以量也、

言國花山へ赴く

禁裏女房衆白川忠富邸へ徙る

男衆

五獻

山科家青侍に平家物語を語らす

伏見殿に參る

大典侍局へ罷る

白川忠富の代りに禁裏祇候

妙法院參内

後土御門天皇御前にて物語申入る
若衆殿上番衆所

一、夜スコク御前へメサレ御物語申入了、
一、ヨヒノ程、若衆殿上番衆所ニテナンコヲシヨフニヨヒ了、

六日、天晴、

長橋局より勝仁親王御服事につき文あり
白川忠富邸にて會食あり

(25オ)
一、今朝就若宮御服事、長橋ヨリ文アリ、」さ様事ニ御局へ下スカタテ參了、
一、朝飯汁アリテ民部卿陣屋へ罷也、庭田・同源大納言・勸修寺・同弁・予・長門守也、中酒ノヲリ武者少路ス、ノ物ヲ持來、又サカ月アリ、

伏見宮家にて前の幕府連歌會の連歌を寫す

一、伏見殿へ參、去武家御連歌ヲ申出、予写了、
一、藤宰相女中ヨリ度〻使アル間罷也、テンシンニテ酒アリ、暮程ニ歸了、供少輔也、ムカイニ左衞門來了、

伏見宮家へ祗候し物語す
大澤久守等茶事にて他出す

一、伏見殿へ參、中夜シコウシ御物語ニ申入了、」
(25ウ)
一、長門守・左衞門・石崎、他所へ茶事アリトテ罷了、

七日、天晴、

足利義政參內
青蓮院尊應加持祈禱を行ふ
足利義尚及び日野富子參內す

一、今日九過時分ヨリ御參內アリ、如每年インコム、武家申御沙汰始也、御參內以前ニ先青蓮院參、四キノ十二間ニテ御カチアリ、同御方所其以後大典侍御參事申サル、ナリ、先御臺御參アリ、次參內アリ、御供兼顯朝臣御劒也、御方御所御供予也、同御劒也、予・

足利義政第三獻の酌をす
祇候の人數
（26オ）
三獻以後轉法輪三條公敦青蓮院尊應祇候
伏見宮邦高親王不興により不參
勝仁親王御出あり
當座和歌御會あり五十首續歌勅題
（26ウ）
言國詠歌
披講あり講師讀師
六獻足利義尚七獻天酌
舞と謡あり
（27オ）

俊量朝臣日野ノ前ノヤクソウ也、三コンメニ武家御シヤクニテメシタシアリ、近身各參了、シコウノ人數、」前內府(勝光)・勸修寺大納言・庭田入道・廣大納言・源大納言・按察使・右衛門督・滋野井宰相中將・大藏卿・民部卿・兵衛督・右宰相中將・兼顯朝臣・實隆朝臣・予・俊量朝臣・元長・源富仲、三コン以後左大將(轉法輪三條公敦)番間被參了、青蓮院御イノリ間、三コン以後メサレ祇候了、青蓮院御シヤウハンナリ、予青蓮院ノ前ヲ被參了、俊量前內府也、七コン參也、御テンシンマテ也、御折十合、御ヲサヘ物御折十合、御サカ月ノ臺二參也、伏見殿依御不興御不參也、宮御方御出アリ、安禪寺宮・曇花院宮・眞乘(寺脱)宮御參アリ、舊院上﨟被參了、」五コン以後御當座アリ、勅題也、五十首、飛鳥井兵衛督(雅康)御前メサレ、各題被參、同男衆御前ヘ次第ニ參、御題タマハリ了、予菊帶霜トイフ題ヲ取也、各詠、此度ハ御製飛鳥井御談合以後イテキ次第ニ御硯ノフタニヲク也、各飛鳥井談合也、予詠歌如此、

　庭も世に池とせ(ち)の秋をふる霜の色も一しき白菊の花

ヒコウアリ、カウシ實隆朝臣、トクシ前內府、ハンせイ兵衛督、其外各祇候也、六コンメノ御シヤク□□御方御所也、七コンメテンシヤク也、御坏臺也、三木之也、」七コン以後、御方御所御退出也、未大酒也、マイ・ウタイ如常、近身男衆トサマノマテ

湯漬

御ユツケアリ、女中皆參也、

一、今日予迎ニ式部・智阿ナト上リ了、

一、以量今日御參內ニ內々女中ニシコウシ、御酒ノ御カンヲシ了、

八日、天曇、雨下、

山科下向につき暇乞に参內
昨夜の詠歌短冊を綴ぢさせらる
親王方などへ暇乞す

一、今朝祇候、御イマトマヲ申、御ヒルヲ待マイラスル也、則申入也、御前ヘメサレシコウス、夜前ノ御短尺ヲトチサせ」（27ウ）ラル、也、ヤカテ御イトマ出也、女中ニテ御酒給了、宮御方・伏見殿・大典侍局・長橋ナトヘ御暇乞申入了、庭田陣屋・民部卿陣屋ヘイトマコイ罷了、

坂迎

さいとう越吹雪

一、四時分ヨリサカ迎ヘ下也、供左衞門・掃部・式部・智阿弥、其外チウケン▒共也、河原ヨリ雨降也、四カクイ二郎五郎所ヘヨリ、雨ヨウイヲシ、サイタウコヘニ下也、山ハ雪フヽキ、中々迷惑也、乍去、無爲ニ七時分ニ下ツキ了、ヤカテ風呂アリ、

本年初めて山科に下向

一、」（28オ）風呂以後夕飯アリ、同祝アリ、当年始下」間也、宮內卿礼ニ來、サカ月進了、

一、今日下ニ兵衞ハキヤウフクノ子細アル間不來也、

九日、天晴、

一、今日朝飯汁・中酒左衞門興行、宮內卿・二位來了、

一、執当・御猿來臨、祝言計酒アリ、

一、執当坊へ如毎年樽・二色遣也、」

（28ウ）一、衛門二郎京へ上了、

一、執当坊へ礼ニ予罷、ソト祝アリ、供左衛門、

言國下向につき禮に來たる人々

一、坊宮内卿・刑部卿・新宰相礼ニ來、栗見三位夜ニ入礼ニ來了、永金同之、

幼な御料人

一、坊猿ニ如毎年イヌ一ツ、ミ遣也、宮内卿ホチニモ一ツ、ミ、坊ノヲサナ御レウ人一ツ、ミ遣了、

十日、天晴、

一、今日朝飯汁・中酒宮内卿興行也、二位來、宮内卿兒アチヤ始來了〔也〕、飯アリ、」

津田禮に來る

（29オ）一、津田礼ニ來、少輔ニ申ヲキ歸也、軈而左衛門ヲ使遣了、

梅見

一、予永金・宮内卿・二位同道濱一見、カヘサニ方〻梅見了、予供、少輔・左衛門・掃部・式部也、

一、執当坊ヨリ明日朝飯可來之由アリ、使三位也、

風呂を興行

一、夜ニ入二位風呂ヲ興行、予・此方衆入了、

一、風呂以後二位一桶・二色持來、酒アリ、

十一日、天晴、

平家琵琶を聞く
當座和歌會を催す
言國詠歌

（29ウ）一、今日朝飯ニ執当坊へ罷出也、中御門モ被罷也、宮内卿・二位・左衛門・掃部・式部・智阿弥罷也、中御門先坊へ行様ニ此方へ礼ニ來臨也、予其マヽ同道了、飯以後平家アリ、談一語也、当座モアリ、出題中御門、十首也、予詠歌如此、

落梅留袖　春雨閑

紅のふかきなさけとちる梅のにほひハしはし袖にこそあれ

おさまれる世に立帰る心ちしてしつかにくらす春雨の空

豐原統秋來る

一、豊將監統秋礼ニ來了、

十二日、天晴、

（30オ）一、今日掃部助（重有）京都へ上了、

將棊

一、宮内卿・少輔兩人勝▩《フ》ニシヤウキヲサヽレ、酒アリ、二位・永金此方事也、坊宰相來了、

梅枝を贈る

一、刑部卿方ヨリ梅か枝被送了、

戒行院

一、宮内卿同道カイキヤウ院ノ枝ヲ白地ニ罷出見了、供左衛門也、

月例念佛

十三日、天晴、毎月念佛、

般若心經千巻讀誦あり

一、今日皆寄合、毎月之心經千巻アリ、予三百巻ナリ、

樂始

一、統秋ヲメシ、当年始同樂了、平調音取、万歳樂《只拍子》・三臺急・甘州・五常樂急・太平樂急・鶏徳・」（30ウ）林歌、樂以後祝言計酒アリ、宮内卿・二位此方ニ也、

坂田資友暇をとり近江へ下向

一、左衛門江州へ暇乞下了、

十四日、天晴、

一、今日キヤウフクアキ兵衛尉下山也、

樂稽古

一、平調〻子、万歳樂《只拍子》・小娘子・老君子、雙調、鳥破・同急・颯踏・賀殿急・胡〔飲脱カ〕酒破・酒胡」（31オ）子・武徳樂、爲稽古吹了、

十五日、天晴、雪下、

源氏物語梅が枝から賢木まで五帖返さる

一、今日執当來臨也、去年備用〔借カ〕之源氏、梅かえ・ふちのうら葉・花ちる里・すま・さか木被返了、坊へ可來由アリ、予驄而二位同道罷了、酒アリ、

眞如堂へ参詣

一、眞如堂へ予・執当・刑部卿・新宰相・宮内卿・二位同道参也、予供、兵衛尉・少輔・式部ナリ、

琵琶法師積一師弟來る

一、積一師弟子來、夕飯アリ、中酒、宮内卿持參、

一、暮程ニ宮内卿風呂ヲ興行、予・此方衆・サトウ入了、

座頭平家琵琶を語らす

一、夜ニ入、平家ヲ五句計語了、」

樂を吹奏す

戒行院にて戒灌頂あり聴聞す

樂人

石山へ智阿彌を遣す幕府矢開きの状あり

寄合風呂

（31ウ）

十六日、天晴、

一、今日朝飯以後積一自此方江州へ下了、

一、智阿弥南洞院ノ所へ使ニ遣了、

一、京都ヨリ衛門二郎下了、

一、平調樂三、黄鐘調、海青樂・拾翠樂急・鳥急、盤渉調、蘇合三帖・同急・白柱・千秋樂吹了、

一、夜ニ入、戒行院ニ戒灌頂アリ、豊將監ニ申、予チヤウモンスル也、中御門・執当・刑部卿・宮内卿同道也、予供、兵衛・式部也、樂人共少々アリ、ヨリ秋・ナウ秋・同子・ムネ秋・カケ益・スヘ繼也、樂アリ、同付物在之、シフク寺ノウタルヽ《灌頂》也、打物僧衆也、灌頂半ニ皆歸了、」

十七日、天晴、

（32オ）

一、今日衛門二郎上了、

一、智阿弥ヲ石山へ遣也、自甘露寺中山所へ状アル間、其ヲ届ニ遣也、是ハ來廿八日御矢開之事也、予モ状遣了、

一、風呂アリテ入了、少輔・式部・智阿・五十嵐、寄合テタク也了、

一、夜二位酒ヲ取寄進了、
　十八日、天晴、

樂を吹奏す

（32ウ）一、今日盤渉調、採桑老《只拍子》・万秋樂序・同破・同一帖・輪臺・青海破〔波〕・竹林樂・越殿樂吹了、」
一、景覃河内ヨリ上來了、

豊原縁秋來る

一、縁秋礼ニ來、スコク雑談了、
一、夜ニ入、自此方風呂ヲタキ、此間風呂ノ人數入也、予モ入了、
一、暮程ヨリ小三郎來宿也、二位酒興行了、
　十九日、天晴、

月次和歌會出題中御門宣胤

（33オ）一、今日執当坊ニ月次會アリ、予罷出也、如常」当座出題中御門也、予懐帋《当座歌》如此、

言國詠歌

　春風　戀船　神祇チク　サル方ノ點、
四方山は霞の衣二月にまたさしかへるかせのをと哉
浦浪のよるハしほれていつまてか思ひこかれん海士のつり舟
のとかなる春の日よしの神かきに花のしらゆふかけて高らし

和歌懐紙

　懐帋如此、湖霞　春駒　麓庵
立浪の色は霞の下くゝるにほのうらはの春のあさあけ

もえいつる草はに心つなかれてはなれもやらぬのへの春駒
山たかゝふもとの庵にすめは猶へたてに遠く都とそ思ふ

寶幢院

一、宝幢院カウカヨリ上來了、

風呂

一、景覃夜ニ入風呂ヲ興行了、予モ入、此方人數入了、風呂以後景覃酒ヲ興行也、」

（33ウ）

廿日、天晴、

一、今日朝飯中酒宝幢院興行也、宮內卿・二位此方へ飯持了、

一、中務少輔（頼久）・景覃京都へ上了、

足利義政所望の連歌を寫し贈る

一、室町殿御連歌予ニ写所望了、書遣也、

廿一日、天晴、

樂を吹奏す

一、今日盤渉調ヽ子、宗明樂（只拍子）・採桑老（樂拍子）、壹越調、春鶯囀颯踏・同入破・陵王破・賀殿急・胡飲酒破・酒胡子・武德樂吹了、」

（34オ）

一、少輔京都ヨリ下了、

一、永金來雜談了、

梶井殿より文あり

一、梶井殿（大原）（堯胤法親王）ヨリ御文被下也、則御返事申入了、

一、早朝ニ二位登山了、

廿二日、天晴、披《(彼)》岸入、

彼岸の入

一、今日永金申彼御連歌、又写サスル也、鳥子持來、平ト申間書遣了、

幕府連歌會の連歌を寫さす

一、南洞院《(房實)》三井寺ヨリ來臨了、

南洞院房實三井寺より來る

一、左衞門江州ヨリ歸來了、

一、執当來臨也、晩影ニマリアルヘキ由アリ、

一、坊ニマリアリテ晩影ニ罷也、南洞院同道也、

蹴鞠

一、二位下山了、暮程ニ也、

(34ウ)

一、心經一巻書写了、正月分也、」

廿三日、天晴、

一、今日又寄合心經千巻ヨミ了、爲祈禱也、予百五十巻、京都ニテ百巻也、

般若心經千巻寄合讀誦

一、一字三礼ニ心經一巻書写了、智阿弥ヲ予タイクワン元三へ被参也、予シヤウタンシヤウ日也、

一字三禮寫經

言國正誕生日

一、宝幢院又カウカへ下トテ暇乞ニ來了、

一、掃部京都ヨリ下了、

一、宮内卿此間雜智庵事也、其方ヨリ初花ヲ一フサタフトテ如此アリ、

雜智庵宮内卿法印より花をおくらる歌

返歌

君見よとしかの花そのたつねてそ昔なからの心にそおる

御返事、

初花の色をもかをも君ならて昔なからに誰かゝすへき

廿四日、雨下、

南洞院房實に連歌を寫しおくる

（35オ）

一、今日南洞院予ニ彼御連歌ヲウツサセラレ了、書遣了、」

一、風呂アリテ入了、南洞院・掃部兩人シテタカル、ト也、

一、夜ニ入、宮内卿一桶持來、酒アリ、

彼岸

廿五日、天曇、披〔彼〕岸中日、

一、今日予時ヲシ了、

一、執当白地ニ兩度來臨了、」

（35ウ）

一、刑部卿來雜談了、

一、景覃下也、明日可上間迎モ下也、

上京
鷺森越
言國供の輩

廿六日、天晴、

一、今日鷺林〔森〕越ニ罷也、宮内卿・豐將監同道也、予供兵衛尉・少輔・左衛門尉・掃部・智阿弥、其外下物共也、出様中酒左衛門興行了、二位モ飯持來、五時分上也、

山科家陣屋に着く

一、九過時分ニ陣屋へ上ツク也、せイロウニテ酒アリ、」

（36オ）一、民部卿・廣橋弁方へ左衞門使遣了、

合力風呂

一、▒合力風呂アリ、予モ入也、人數、甘露寺・同弁・樂邦・御僧・宮内卿・豐將監入了、
此方衆皆入了、

言國疲勞す
勝仁親王に梅花獻上

一、餘ニクタヒル、間、今日は不參内了、宮御方へ梅花一ツ、ミ進上、長橋御局へ御文ニテ
被參了、

廿七日、天晴、

參内

一、今日參内申、宮御方御局・伏見殿へ參也、」

（36ウ）一、刑部卿來雜談了、

庭田雅行邸へ赴く

一、庭田殿ヨリ使アル間罷也、酒アリ、大澤モ罷也、右中弁・高橋モアリ、

廣橋兼顯を訪ひ明日の幕府矢開の事につき談ず

一、禁裏ヨリ退出、直垂ニテ廣橋弁所へ、就明日儀罷也、對面色〻物語了、

後土御門天皇に召さる
飛鳥井雅世等の和歌を部類させらる

一、又御前ヨリメサレシコウ也、色〻御物語アリ、（飛鳥井）雅世卿ノ歌共フルイサセラレ了、大藏卿
・右宰相中將・以量・予・菅原在數シコウ了、

幕府矢開きの場所を拜見

一、晩影ニ廣橋弁同道、武家へ參、御矢開キシキ可有所ヲ拜見了、

高倉永繼より白紋紗狩衣を借用

一、（高倉永繼）藤宰相ヨリ可爲明日可爲着用白文シヤノ狩衣持被送也、借用了、」

飯尾爲信來る
幕府矢開の儀を行ふ
所役事につき伊勢貞宗等と談合す
言國の服裝
午刻以前に各出仕す
畠山政長着座
大草調進の式三獻手長
足利義尚出座
畠山政長の向に着座
せこの餅を据う
畠山政長餅を食ふ儀式をす

（37オ）
廿八日、天晴、
一、今朝飯尾（爲信）加賀來、予對面了、
一、就今日儀、藤宰相ヨリ使アリ、
一、就所役事可申談子細アリトテ、又藤宰相ヨリ御スヘ、可參候由使アリ、軈而參、伊勢（貞宗）・小笠原色ゝ談合也、
一、式三獻ニ不審事アリテ、飛鳥井へ罷尋了、
一、弁（午）尅以前ニ予出仕也、雜式（色カ）一本、供長門守（大澤久守）・左衞門也、予カサヲリ・白モンシヤノ狩衣、指貫ニ大口重了、予シンタイ今日儀如此候、
（37ウ）
一、午剋以前ニ松御庭ヨリ各出仕也、畠山（政長）白ヒタ、レ」ニ大口重出仕也、軈而中門ノ北方ノ座ニ先ツク也、アカヘリナリ、次大草調進ノ式三獻中□ノ西ノメンタウヨリ手長兩人、伊勢左京佐（貞誠）（亮）・同二郎（貞頼）白ヒタ、レニ大口ヲ重、御クワンスノ間ヘマツハコフ南方ヘナリ、次御出座アリ、申ツキ伊勢左京佐畠山ニ御出座由申、畠山御座ノムカイ西面ニ座ニツク、次小笠原、畠山ツク座ノツ、キノ座ニツク、兩人ノ座アカヘリ也、次せコノモチイクツ方、シロキ・アカキ・クロキ三色、タイニスヘ、手長兩人是ヲ御前ノ中テウニテウノウヘニ持參也、畠山左衞門督彼モチイノキハニス、ミヨリ、モチイヲクウキシキアリ、左衞門督ヤコタエトテ

畠山政長及び小笠原太刀を進上
矢開の鳥
小笠原鳥を料理
角の折敷に鳥肉をおく
小笠原配膳を命ず
言國祇候
言國手長持參の鳥を義尚に進上す
義尚鳥を食す
式三獻
初獻
言國義尚に酒を注ぐ
二獻

三度ツ、九度ノホト聲ヲ出也、此様クわシクハ不見、▒▒先畠山・小笠原兩人退出ナリ、次手長兩人御前ニ參、モチイヲテンス、次左衞門督・」(38オ)小笠原兩人白御太刀進上也、中ノテウヘ也、廳而又本(マヽ)ノ座ニ左衞門督ツク、次御矢開ノ鳥ヲスヘ、マナイタヲ手長持參シ、中ノテウニ直之、次小笠原御前ニサウニ參、マナイタノ前ノテウニツキ、鳥ヲキルキシキアリ、則キリハテマナイタ持ナカラ小笠原御クわンスノ間へ出也、彼鳥ヲ一キレヒハチノ火ニテヤキアフリ、口〔是〕程ニキリ、カクノヲシキニ如此イル、也、図是ヲ四方ニスへ、御ハシヲ、ク、同畠山前モ〔ヲ〕モ御前ノコトククシラへ、ヒラヲシキニスへヲ〔ク〕キ也、小笠原御ハイセン可參ノ由申、予則ス、ミ御トヲリサイノキハニテ蹲踞シ、御前御右ノ方ノスノコニコウス、廳而彼鳥ヲ手長持參、是ヲ予トリテマイラスル也、次左衞門督ニ同手長スユル也、次中ニアルヲ御トリアリテキコシメス御キシヨクアリ、畠山モ同之、次手長御前ニ參、予御センヲトリ遣云々、」(38ウ)手長テンス、同畠山前ヲモ手長テンスル也、次式三獻參也、先初コン參、次御サカ月ヲ手長持參、予是ヲトリ、御右ノ方へ參也、次御銚子カタロヲ手長持參、予是ヲトル、次御サカ月ヲ御トリアリ、御酒則參ナリ、キコシメス御キシヨクアリ、次御銚子ヲ手長ニ遣也、次二コンメノコンヲ手長以前ノコトク持參、予先初コンノコンヲ御左ノ方へヨせ〔ス〕、二コンヲマイラスル也、次二コンノ御サカツキヲ手長持參、

初献の盃を畠山政長に賜ふ

三献

二献目の盃を右方へ寄す

（39オ）

義尚三献目を飲む時畠山政長太刀を進上

畠山政長進上の具足を義尚に供覧す

三献目の盃を畠山政長に賜ふ

（39ウ）

小笠原に二献目の盃と太刀を賜ふ

畠山政長式三献役奏は手長

畠山政長退出

予是ヲトリ、初コンノ御サカ月ニヒキカヘ二コンメノ御サカツキヲヒキカヘ、手長ニ遣也、手長此御サカ月ヲ左衛門督ニタフ也、左衛門督座ヨリオリクタリ、スノコニテ則ハイリヤウ也、次二コンノ御銚子ヲ如以前▒手長持参、是ヲトリ如以前様ニマイラスルナリ」、同キコシメス御キシヨクアリテ、御銚子ヲ手長ニ遣也、次三コンノコンヲ手長持参、先初コンヨリ次第ニ御左ノ方ヘヨセ、則三コンメノコンヲマイラスル也、軈而三コンノ御サカ月ヲ手長持参、二コンメノ御サカ月ヲ御右ノ方ヘヨセ、三コンノ御サカツキヲマイラスル也、次御テウシヲ手長持参、予是ヲトルヲミ、左衛門督サウニ座ヲ立時、御酒マイラスル也、コノ時キコシメス御キシヨクアル時、左衛門督御太刀名物進上仕也、其以後先手長ニ御銚子ヲ遣サスシテ予持也、其間ニ手長両人左衛門督進上御クソク糸《アサキ》、持参シ、御目ニカケ、軈而テンス、次御チ（テカ）ウシヲ取ニ手長参、此度ハ御テウシニ三コンメノ御サカ月計ヲトリソヘ遣也、此御サカ月ヲ則畠山ニ手長如以前」タフ也、則ハイリヤウト云々、次御銚子ヲ持ナカラ手長二コンメノ御サカ月ヲ取ニ参、則予御サカ月計ヲ遣也、此二コンメノ御サカ月ヲ小笠原ニ被下也、次名物御太刀被下也、畠山ニモ御前ニテ式三コンアリ、手長役奏也、三コンメノ御サカツキヲハイリヤウ以後シテスわル、式三コンヒトツニトリカサネ持、畠山退出也、次手長参、式三コンヲ三コンメヨリテンス《シ》ル也手

言國退出
言國太刀を進上
打敷
十二本立參様
十二本目に盃をおく
六本立を手長持參
六本立參様

長是ヲ遣也、初コンヲノチテンスル也、次二コン三コンノ御サカ月ノ御シハウヲ手長遣
也、則テンシ了、次予先退出、次中ノテウヘ畠山・小笠原、手長兩人、予御太刀《キン》進上
也、次御ハイせンノ予サウニ如以前御前ニ參、手長十二本立可參御ウチシキヲ持參取之、
御前予シコウノスノコ敷也、次十二」（40オ）本立ヲ手長次第ニ持參、參樣如此、

六　十二　十二本メニ御サカ月アリ、御サカ月ニフタアリ、
五　十一　取之ソハイニヲク、
与十
御前　一七
御右二　八
三　九

次御銚子ヲ手長持參、是ヲトリ十二本メニアル御サカ月ヲマイラスル也、キコシメス御
キシヨクアリテ、以後手長ニ御テウシヲ手長ニ遣也、次又六本立ヲ▒手長持參、先予御
左ノ方ヘ十二本立ヲ次第ニヨせテ、アマル御ウチ敷ヲマクリヨせテヲク、次手長ノ六本
立▒ノ御ハンヲ取、此度ハ御座ノウヘ、マイラスル也、參樣如此、事外ニヲモキ物共也、
以後可心得事也、」

御座の様

（40ウ）

三六　御座式ノ様クハシク

御前　一与　會御ニミヘ了、

御右二　五

畠山政長に下賜の具足を手長記し義尚に見せる

退出の者直ちに泉殿へ廻り足利義政に進物す

与五六ノ御ハンヲハ御座ニハヲキ所ナキノ間、十二本立ノ▒參シスノコヘマイラスル也、サル間、猶以前ノ十二本立ヲヨせナラフルナリ、次手長兩人シテ左衞門督ニ被下御クソクヲカキ、御目ニカクルシキアリテ罷出也、次予退出也、次入御アリ、次各退出ナリ、スクニ泉殿ヘマハル也、武家ハソウナミニ御太刀參也、公家ソイタチせンクノ衆計也、同予モソウナミノコトク武家ヘ御太刀進上也、御方御所ヘハ以前進上」間、不及進上、各

（41オ）

日野富子へも祝を申す　申次春日局

御臺ヘモ御礼申入也、春日局申ツキニテ各ニ見參也、各退出了、

一、式三コン大草調進也、十二本立同六本立、行松調進云々、

畠山政長進上の具足

一、畠山進上ノ御クソクアサキ糸也、被下御クソク、ロカワ也、是ハ、シメヨリ御座式ニヲカル、也、

足利義尚の服装は狩衣

一、御方御所御狩衣松重 同御文松云々、

一、役人同予ハシメノスカタニテ御太刀進上了、武家ヘ事也、

庭田雅行言國を慰労す

一、庭田各今日儀無爲〱、目出度之由申、礼ニ陣屋ヘ被來了、

伊勢貞宗に大口返却す
廣橋綱光日野勝光等へ禮に参る
言國着用の狩衣は高倉永繼の所有
大澤久守當座和歌會を興行
言國詠歌
濱邊霞
梅遠薫
雲雀
寄糸戀
眺望

(41ウ)一、伊勢所へ借用大口ヲ持、左衞門使ニテ」無爲〳〵目出度之由申遣了、

一、予廣橋陣屋へ礼陣屋へ礼ニ罷對面、同弁對面云〻、日野へモ礼ニ罷、藤宰相陣屋へモ罷、酒アリ、

一、着用狩衣藤宰相也、他所ニ雖置、公方ヨリメシヨせラレ、予着了、」

廿九日、天晴、

(42オ)一、今日朝飯以後、長門守当座興行了、出題甘露寺也、人數青侍共・宮内卿・統秋也、

予詠歌如此、

濱邊霞　梅遠薫　雲雀　寄糸戀　眺望

立浪の音をしるへにゝくまのゝ浦のはまゆふ霞ころかな
遠方の梅の梢をさそひきてあらぬ袖までにほふ春風
諸人の小咫あそひの春のゝに聲ものとけくたつひはり哉
あはれとハ思ひもとりてしけ糸のいつまてさて▒むすほられけん
見ハたせハよこ雲はるゝ山のはの松の梢に有明の月

一、事文ヲ長橋ハカリ此方衆サイヲウ□、五トウチ其數料足ヲ各イタシ、ナテテモ興行遊了、

太一座頭來る

一、大一サトウ來了、テシモアリ、

（42ウ）

一、夕飯汁中酒ヲ事トテアリ、

伏見宮家へ參り宿泊

一、夜伏見殿參宿了、殿上ニテ伯二位柳一荷持參、大酒アリ、

卅日、雨下、

白川忠富の番代に祇候

一、今日民部卿番代ニ晝計シコウ了、爲親朝臣又代也、

飛鳥井雅世詠歌の部類をさせらる

一、御前ニテ雅世卿歌フルイサセラレ了、

一、先度若宮御方ノ御銚子事ニ坂本ニアルトイヘ共進上間、長橋局シヤクニテ御酒給了、

勧修寺政顕十首和歌會を興行

出題伏見宮邦高親王

一、右中弁（勧修寺政顕）十首一座興行了、

春雨、御出題伏見殿也、同巻頭被進了、

（43オ）

春雨のふる屋の軒の糸水に心ほそくも今日やくらさん

夜伏見宮家にて酒宴あり

一、夜ニ入、伏見殿ニ御銚子事アリテ參了、人數民部卿・四辻宰相中將・三条西・予也、各御テウシヒサケ一種或二種也、

一、今夜伏見殿其マ、シコウ了、

朔日祝
後土御門天皇小犬彌太郎を召し歌はせらる
十度飲
言國小犬彌太郎に扇を遣す
言國沈酒
長橋女官

# 三月

（43ウ）

一日、天晴、
一、今朝《日》如恒祝着、目出度了、
一、飛鳥井番代（雅康）ニ下スカタニテ祇候也、御階花サカリノ間、コイヌ（小犬彌太郎）ゐ中ヨリ上間、▒《メ》サレウタハセラルヘキ由アル間、裝束着參內了、先十度ノミアリ、予モ御人數參了、男衆、源大納言（雅行）・元長（甘露寺）・予計、十度ノミノ御人數其外伏見殿（邦高親王）・女中衆也、御ヒクニ御前ニモ御參アリ、予コイヌニ扇ヲ遣也、御室（道永法親王）御下スカタニテ御參アリ、御扇是も被下、御カツシキ（44オ）御酒《所》モ被下也、三人アリ、若宮御方（勝仁親王）」御服ヲ被下也、聽而キテマイ了、
一、予事外チン酒ノ間、聽而御酒退出平クハノ事也、御祝ニモ不參了、
一、ヲ《ク》ウヲコン參目出〳〵、二色・一桶如常、イコン以前ニ御スヘニテ予モ御酒被下也、長橋女官共也、

二日、天晴、

一、今日晝夜飛鳥井番代ニ祗候了、

禁裏月次樂始　豐原緣秋を召さる

（44ウ）
一、緣秋メサレシコウス、御月樂始アリ、平調音取、〔只拍子〕万歳樂・三臺急・五常樂急・鷄德・」老君子・太平樂急・林歌、

御樂の後酒を賜ふ

御樂以後、予陣屋ニテ御酒被下也、御テンシンニテ也、

三日、天晴、

上巳の祝

一、今日祝着如恒、目出度了、

御牛飼鷄の事にて牢へ入れらる

一、御ウシカイ今日ノ鷄ヲ、サヘ、御トフライ事、ソシヤヨウ申間、ヲサヘテ申ハ、クハンタイトテロウヘイレラレ了、

禁裏へ召され和歌の部類をさせらる

一、禁裏ヘメサレ祗候了、又彼詠歌共フルイサセラレ了、

勝仁親王の御半尻調製を命ぜらる

一、若宮御方御ハンシリアサキシヤニテセラルヘキ、予ニ被仰付也、御袖ノク、リウスモヘキ・ウス紅・白タンニセラルヘキ也、」

禁裏近臣祗候天酌

（45オ）
一、御祝ニ參內申、如常テンシヤク、各近身（臣、下同ジ）祗候了、

一、日野ヘモ四辻・飛鳥井同道礼ニ罷了、

殿上番衆所に祗候

一、飛鳥井御番徒然ノ間、歸參可物語由色々被申間、下スカタニテ殿上番衆所ニ祗候、物語了、

禁裏に召され詠歌を部類す
雨中徒然の間當座和歌御會あり
歌題御不審を承はり飛鳥井雅康に尋ねる
言國詠歌
白川忠富の番代に祗候
長橋局御酌にて酒を賜ふ
勝仁親王の御半尻出來するも袖の丈合はず
足利義政參內日野富子沙汰
祗候人數

四日、雨下、

(45ウ)
一、今日禁裏へメサレ祗候也、又祐雅詠歌共フルイサセラレ了、雨中御徒然トテ御当座アリ、」御人數、伏見殿・各番衆、其外庭田源大納言・頭中將(三條西實隆)・予也、トヲリ題也、雨中花、依花待人、此依花題戀カ如何ト御不審也、予承ニテ飛鳥井退出之間、狀ニテ尋也、戀ナト自然ハヨム也、懷(述)勿論由御返事申也、予詠歌如此、

八重にさく花の衣の春雨に匂ひもしめり風かよふ也

色かしる人も尋ねよ數ならてひとりなかむる花の木陰を

(46オ)
一、暮程ニカサナリ了、今夜民部卿(白川忠富)番代ニ祗候了、夜マテ彼歌共ノ」フル(イ脱)ヲサセラレ了、御前ニテ也、長橋シヤクニテ御酒被下了、

五日、天晴、

一、今朝宮御方御ハンシリ藤宰相(高倉永繼)ヨリイテキ、予持參長橋御目にカケラル、御袖ノハタハリチトセハキトテ御せンカンアリ、

(46ウ)
一、八時分御參內アリ、御臺(日野富子)御沙汰也、コン五コンアリ、前內府(日野勝光)前ヤク」ソウ予・俊量朝臣也、人祗候人數、前內府・庭田(長賢)入道・廣橋(綱光)大納言・勸修寺(教秀)大納言・源大納言・按察(甘露寺親長)・右衞門(四辻季春)

督・滋野井宰相中將(教國)・民部卿・兵衛督(飛鳥井雅康)・大藏卿(西坊城顯長)・右宰相中將(正親町公兼)・兼顯朝臣(廣橋)・實隆朝臣(三條西)・予・俊量朝臣(綾小路)・元長(甘露寺)・以量(薄)・菅原在數・源富仲(五辻)、伏見殿・若宮御方・安禪寺宮(應善)・曇花院宮(芳咸元揉)・眞乘寺宮御出也、イリ江殿・北少路殿(日野苗子)御參アリ、

北小路殿

一、三コンメ武家御シヤク也、其外御臺・安禪寺殿御シヤク、御サカ月臺アリ、夜七時分ニハテ了、

義政三獻目の酌をす

(47オ)

一、武家御供兼顯朝臣也、御劒、夜ヘハ予モ」御供申、御劒ヲ持也、頭弁御ランソクヲ持間也、

義政供奉の廷臣

六日、天晴、今日飛鳥井ニ禁裏御小袖ヲ被下了、インコンノ時也、

飛鳥井雅康に小袖を賜ふ

一、今日四辻(季經)番代ニ晝夜祇候了、

一、先度コイヌ參御ヘンホウ女中一日祇候、男衆仕也、各御銚子・一種持參了、御臺御參アリ、

小大彌太郎去一日の返禮に祇候

(47ウ)

以後又御參內アリ、十度ノミアリ、御人數、武家(足利義政)・御臺・」女中衆・男衆、滋野井・飛鳥井・兩頭御人數ニ參了、コイヌ座共五人參、御臺御袖ヲ被下也、御階花ニツイテ飛鳥井詠進也、如此、

十度飲あり
足利義政夫妻參內
小大座衆五人
日野富子衣服を與ふ
飛鳥井雅康和歌を詠進す

君になひく花の心をしらせんとやちらぬ櫻に風の吹らん

御返歌、御所樣・武家・御臺計也、

足利義尚内密参内あり

一、御方（足利義尚）御所内〻御参アリ、御ノソキアリ、予ニ色〻事御尋了、

夜足利義尚に召さる

一、夜四過時分ニ御酒ハテ了、予ヲ頭弁御使ニテ御方御所へ被召也、祗候申、先度メサルヘ

盃を賜はる

（48オ）キヲ依無指事、被召間」ツイテナカラ被下トテ御酒アリ、九時分ニ退出也、御サカ月被下也、樂ナトノ事御尋アリ、旁祝着至也、

一、朝飯汁アリテ庭田陣屋へ罷也、先度ヘンホウ也、

七日、天晴、

晝夜祗候

一、今日依綾小路申正親町番代ニ晝夜祗候了、

貝覆ひ

一、御貝ヲホイアリ、伏見殿御樂アリ、女中衆計也、

長橋局参内の用意

（48ウ）一、長橋局（四辻春子）ニハ色〻御参内ノ用意也、御スヘニテ御酒給了、

足利義尚言國所蔵の鳳凰笙を借り聽て返す

一、頭弁承ニテ予器物ホウわうヲ御方御所御らんアリタキ由アリ、借進上也、聽而返給了、

八日、天晴、

一、今日藤宰相女中へ罷也、酒アリ、聽而歸也、

白川忠富邸にて酒宴あり

一、民部卿陣屋ヘヨハル、也、酒アリ、源大納言被罷也、

長橋局へ参る

一、長橋局へ用事アリテ罷了、

日野富子禁裏番衆に錢萬疋を贈る

（49オ）一、自御臺ヨリ（マヽ）近身中ヘトテ万疋被」下也、各暮程ニ御礼ニ[illegible]参了、頭弁申ツキ也、近身各三

百疋ツ、也、トサマヘモワケ了、百疋ツ、也、庭田所へ給也、庭田ヨリハイフン也、禁裏ヘモ御礼申入了、

九日、天晴、

足利義政義尚父子參内

一、今日禁裏御沙汰ニテ御參内アリ、八時ニ御參アリ、御供兼顯朝臣、御方御所御供予也、同兩人御劒也、」

日野富子參内
勝仁親王御出あり

(49ウ)
御臺御參、御ヒクニ御所御三人、若宮御方御出アリ、コン五コン參、前内府ノヤクソウ以前ノコトク兩人也、ヒカシノトイ殿《准后》御參アリ、北小路殿モメサル、間被參了、

當座三十首和歌御會

御当座アリ、兵衛督出題也、三十首也、予題、寄花影戀、

言國詠歌

よそにわかうき名も花もちらさしと思ひしかひや嵐吹らん

足利義政讀師を勤む
足利義尚盃臺取違ふ事あり
天酌

一、トクシ武家御サタ也、カウシ兼顯朝臣、ハンせイ兵衛督也、御方御所半ニ御盃アリ、又歸御參アリ、ストメシタシ御サカ月臺トリチカヘコト也、テンシヤク也、三コンメ御シヤク武家如常、」

祇候人數

(50オ)
一、祇候人數、前内府・廣橋大納言・勸修寺大納言・庭田入道・源大納言・按察使・右衛門督・滋野井宰相中將・民部卿・兵衛督・大藏卿・右宰相中將、兩頭兼顯朝臣・實隆朝臣、予・俊量朝臣・元長・以量・菅原在數・源富仲、三コン以後当番間、(轉法輪三條公敦)左大將メサレ

被參了、

足利義尚勝仁親王所へ參仕

一、御方御所　若宮御方へ御參アリ、御物語アリ、御サカ月參也、トカクシ御退出也、

一、丑時分ニ御酒ハテ了、」（50ウ）

十日、天晴、

足利義政參内　近習廷臣の沙汰　初獻の酌は言國

一、今日又近身申沙汰ニテ御參内アリ、自御臺被下物殘ニテ被申付也、ヤナキ五荷・御カハラケノ物十色ナリ、武家御供兼顕朝臣、昨日祇候衆皆シコウス、男衆ニ初コンメノ御シヤク予也、二コンメノ御シヤク頭弁也、

義尚勝仁親王御所へ參仕したきの由申す

御遊

一、御方御所御下スカタニテ御方へ御參アリタキノ由、頭弁御使ニテ被申也、御臺クルシカルマシキ由被申アリ、宮御方」（51オ）ヨリ予御使ニテ早ゝ御參アレト被仰、軈而御參アリ、御供予也、御劔也、御サカ月參以後色ゝ御遊共アリ、妙法院モ御參アリ、万里少（小、下同ジ）路（賢房）兒・シユカクモ參了、又御サカ月五度計參、兩度予御シヤク也、八時分ニ御酒ハテ了、

十一日、天晴、

後土御門天皇庭御覽

一、今日禁裏御庭御らんト也、」（51ウ）

長橋局へ參る

一、長橋局へ罷、小カウ酒ヲタヒ了、

夜伏見宮邦高親王に召さる

一、夜伏見殿ヨリメサル、也、祇候申、御酒被下也、大御酒アリ、中院・世尊寺・四辻宰相

中將・予也、其マ、祇候了、

勝仁親王言國所藏の笙を召さる

一、頭弁承ニテ予器物ヲ又御方御所へ被借召也、

一、俊藏主來臨了、

十二日、雨下、

雨中徒然の間長橋局にて阿彌陀光あり

（52オ）

一、今日長橋局ニテ雨中徒然間、」阿弥陀光ヲ興行、酒アリ、人數、長橋・新內侍・御今參・小督・源大・頭中將・予ナリ、

高倉永繼女中より使あり赴く

一、暮程ニ藤宰相女中ヨリ兩三度可來之由申使アリ罷也、夕飯アリ、其マ、宿也、

十三日、雨下、天晴、念仏、

一、今日朝飯以後、藤宰相ヨリ歸了、」

月例讀經

（52ウ）

毎月心經アリ、予百五十卷也、

一、俊藏主被來了、

十四日、天晴、

飛鳥井家にて朝飯汁會あり

一、今日朝飯汁アリテ飛鳥井へ罷也、予一桶・一種遣也、未陣屋へ始テヨハル、間也、庭田源大・滋野井・三条モ汁人數也、

安禪寺殿へ參る

雙六

一、庭田・飛鳥井・滋野井・三条・予同道安禪寺殿へ參、御シユコ六アリ、御酒アリ、又此

茶を飲む

カヘサニシユ藏主所ヘ各罷、茶ヲノミ了、」

伏見宮家へ参り宿泊す

(53オ)
一、予殿上ヘ下スカタニテ罷、御局ヲモシマイ了、廣橋弁參會、予逗留事色〻被申了、予陣屋ヘ廣弁來臨ト由アリ、

十五日、天晴、

一、伏見殿ヘ參、事外に御トメアル間、予宿了、

殿上に召さる
二十代集佳句部類をさせらる
近習に配分
言國分は新後撰集

(53ウ)
一、今日三条西ウケタマハリニテ、予ヲ殿上ヘメサル〔ヤ脱カ〕、也、下姿ニテ聽而祗候也、二十題〔代〕集カクフル《ルイク》〔イ脱〕セラル、ヘキトテ也、チイサキ」タンシクニ御料帋ヲサせラレ、各近身トサマニハイフン也、予被下わ新後撰集也、

十六日、天晴、

當番祗候

一、今日ヨリ当番也、同祗候了、松木モ參也、

部類佳句を御所にて書く

一、彼類句、御所ニテ書了、

經師大夫に短冊を切らす

一、キヤシノ大夫メシ、予ルイクノ小短尺ヲキラせ了、

勝仁親王御樂

一、四辻、若宮御方御樂申シコウ了、

一、大藏卿御用アリテ、メサレシコウ了、」

庚申
當座和歌御會

(54オ)
一、今夜庚申也、御当座アリ、トヲリ題也、

歌題
祇候人數
十度飲人數女衆大典侍局男衆
言國詠歌
披講言國沈醉
白川忠富邸汁會
十五首當座和歌會
第二皇子庭田邸へ御出

杜間菫菜　暮春月　歸無書戀

伏見殿御參・右衛門督・兵部卿当番・滋野井・頭中將・予、当座祇候了、トサマノ番衆共御人數也、

一、御当座以後十度ノミアリ、御人數事、女中、大典侍局・權典侍局・勾当内侍局・御アチヤ〳〵、男衆、伏見殿・衛門督・兵部卿・滋野井・実隆朝臣・予ナリ、予詠歌如此、

紫のゆかりと誰か尋きてもりの木陰のすゝれわすらん

いまハかりかすますもあれ暮て行春のなこりの有明の月

別にし涙の露の玉つさもけさかきたえてとハぬつれなさ」（54ウ）

御酒以後ヒカウアリ、カウシ頭中將、ハンセイ四辻ナリ、予事外ニ沈酒了、

十七日、天晴、

一、今日御番參也、民部卿陣屋ニ汁アリテ、庭田・飛鳥井・松木・滋野井罷也、予中酒時分被申間罷、酒アリ、飛鳥井・松木柳ヲ被送ユヘ也、

一、飯以後十五首当座アリ、題ヲトリ」（55オ）予御所へ先參也、彼物書了、

一、二宮御方御アヤニクニ庭田陣屋へ御出アリ、松木タキマイラセ了、予御共參也、ソト御サカ月參了、

白川家當座歌會飛鳥井雅康執筆
披講講師言國
酒宴半ばに御所に歸參
勝仁親王讀書醫師竹田昭慶尊敦親王を診察す
衣替の御服を申付く
禁裏御番
庭田雅行弟妙蓮寺僧參內
勝仁親王に酒肴を獻ず
廣橋兼顯を召
す
下姿

一、彼当座、飛鳥井談合書了、

遠歸鴈、如此了、

遠方の霞のおくに飛きえて聲計こそ歸かりなれ

一、ヒコウアリ、トクシ民部卿、カウシ予、ハンセイ飛鳥井、歌人數、源大・兵部《松木》(宗綱)・滋野井・テイ主・飛鳥井・左大弁(町廣光)・右大弁・頭中將・予ナリ、大酒アリ、予酒半ニ御所へ參、無念也、」(55ウ)御所へ民部卿陣屋ヨリスト予ニ來トテ使アリ、色〻隙入由申、不罷了、

一、若宮御方御トク書ニ清三位(船橋宗賢)參也、カヘサニ民部卿所へ□ニも罷也、夜ニ入マテ酒アリ、

一、暮程ニ竹田(昭慶)二宮御方御ミヤクニ參也、申ツキ予也、以後東御方ノ御ミヤクニ參、

一、今日廣橋殿上へ大津ヲメシ、御衣カヘノ御服事被申付了、」(56オ)

十八日、天晴、

一、今日御番參也、彼類句書了、

一、妙蓮寺《庭田ヲト、也、》御礼ニ被參御對面也、申付兵部卿也、若宮御方へ柳一荷・御折二合被進、御方ニテ御酒アリ、源大納言下スカタニテシコウ也、兵部卿・予ハシメヨリシコウ也、廣橋弁メサレ、下スカタニテシコウ、四辻番代ニ祗候也、是も參、御酒タヒ了、妙蓮寺御酒以

後廣橋弁同道、武家・同御方御所へ御礼被申、太刀進上歟、御臺へモ柳二荷・御折進上歟、

勝仁親王に短冊を進上
十五首當座和歌御會
親王御出題

（56ウ）

一、若宮御方へ御短尺ヲモ進上間、十五首御当座アリ、宮御方御出題也、巻頭ヲ御所様被進」了、予歌如此、

恨戀

言國詠歌

こかすまの浦のこくなハくりかへしいつまてさても猶うらミまし

一、今朝伏見殿へ參、御酒被下了、

十九日、天晴、

一、今日皆青侍共ノ合力、陣屋ニアリト也、

召により祇候

（57オ）

一、今朝メサレ祇候了、色々被仰付了、」

一、当番也、參了、

一、朝飯汁、此方興行、弥四郎モ來也、石崎來了、

類句を書く
經師大夫に類句短册を切らす
類句十括を進上

一、彼ルイクカキ了、御前ニテカラスミキラセラレ了、

一、大夫キヤウシヲメサレ、ルイクノ短尺ヲキラセラレ了、

一、ルイク十ク、リ書進上也、又十ク、リ出了、

廿日、天晴、

（57ウ）

禁裏御番

一、今日御番ニ參內了、

廣橋局長橋局鞍馬參詣

一、廣橋局・長橋局クラマへ參ラレ了、

御局留守は小督

一、御局留守間、小督ニ御留守事シ了、

人數、源大・松木・民部卿・予ナリ、各一銚子・一色遣了、同酒アリ、

一、御前ニテ予色〻物共サセラレ了、

滋野井教國召さる

一、御用アリテ滋野井メサレ祗候也、御前ニテ滋野井・予兩人ニ御酒被下了、

一、寺家宮內卿來〻《上》來了、

廿一日、天晴、

（58オ）

類句書く

一、今日於陣屋ルイク書了、

一、宮內卿來、色〻雜談在之、

勝仁親王に目ざし魚を進上

一、若宮御方メサシ五十クシ進上了、長橋局へ御文ニテマイラセ了、

一、宮內卿・俊藏主此方ニテ夕飯アリ、

廿二日、天晴、

（58ウ）

一、今日飛鳥井坂本へ下向也、遲存之間送者不遣了、

馬屋
伏見宮邦高親王に召さる御樂習禮
甘露寺家青侍
飯尾爲信來訪
伏見宮に再び召さる鳳凰笙持參御樂習禮
類句十括を進上
奉行庭田雅行
校合

一、宮内卿來、予御庭へ同道一見了、同御馬屋ヲミせ了、
一、伏見殿ヨリメサレ祗候、此間五常樂急ヲ松木ニ御ナライアリ、其ノコリヲ今日予ニ御ナライハテラレ了、御酒被下也、
一、甘露寺青使〔侍カ〕佐渡ゐ中ヨリ上來了、
一、飯尾〔爲信〕加賀守來、雜談了、
一、田樂トク此方ニテ朝飯アリ、」

(59オ)

一、晩影ニ民部卿來雜談アリ、
一、夜又伏見殿ヨリメサル丶也、軄而參、予器物鳳凰持參、御ナライアル御樂被遊也、松木モ白地ニ參、予兩人ニ樂少〻フカセラレキコシメシ了、予ハ其マ丶ニ宿也、
一、今朝綾少路來雜談了、
廿三日、天晴、
一、今日朝飯汁中酒佐渡興行了、」

(59ウ)

一、彼ルイク又十ク丶リ書、奉行源大納言、遣予持罷也、是マテ廿ク丶リ進上也、又十ク丶リ源大ヨリ來也、
一、彼校合陣屋へ田向ヲヨヒ仕也、田向ニ酒ヲス丶メ了、

船橋宗賢祇候
勝仁親王讀書
飛鳥井雅康上洛
伏見宮家より召さる
御樂
校合
佳句部類不審ありて御所へ参る
後土御門天皇裝束着事に召さる
源氏物語目錄を書かせらる
雙紙下題

一、下スカ(夕脱カ)ニテ殿上邊見マイ了、若宮御方參也、清三位御トク書ニ祇候了、
一、智阿弥坂本ヨリ上了、
一、緣秋來、伏見殿御器物申出ナヲサセ了、
一、飛鳥井上洛之由アル間、左衞門ヲ迎ニ遣了、
一、夜ニ入、伏見殿ヨリメサル、軈而參、御樂アリ、四辻コト、綾少路笛、予鳳凰、盤渉調音」(60オ)
取、只拍子採桑老・蘇合急・白柱・青海破(波)三反・千秋樂也、御樂以後御物語申退出了、
廿三《四》日、雨下、
一、今日宮内卿來臨、予書ルイク宮内卿兩人校合也、書ハテ了、
一、御所ヘルイクニ不審事アリテ下スカタニテ白地ニ參也、
一、宮内卿ニ此方ニテ夕飯アリ、
一、自　禁裏裝束着可祇候由御使」(60ウ)アリ、軈而參、明日御銚子事御參内ノ御クシニ、源氏ノモクロクヲカ、セラル、也、コフ・アヲノリ・コフノリニテサウシヲ以量ニトチサセラレ、其下タイニ御クシナル也、[きりつほ]是程也、晩影ニ退出了、
一、ヨイノ程佐渡來、雜談了、
廿五日、天晴、

一、今朝參、昨日御クシノミクルシキヲヱリ書ナヲシ了、

（61オ）

立阿彌に花を立てさす
牡丹

一、□(予カ)承リニテリウ阿弥ニ花ヲタテ」サラレ(マヽ)了、ホタンナリ、

類句短冊を庭田雅行に提出

一、ルイク書イタス間、源大陣屋へ遣也、以上短尺小短尺廿四ク丶リ也、御双帋ノコル御料帋先返進上了、

智阿彌備中國水田郷へ下向

一、智阿弥備中水田(英賀郡)下了、

禁裏御宴
足利義政義尚日野富子參內

一、禁裏　伏見殿　若宮御方　安禪寺殿　曇花院殿　眞乘寺殿　武家　同宰相中將殿　御臺

南御所　入江殿　ホウシユ院　クワウシユ院　ヱシヤウ院　カウケ院、其外女中・男

女中衆

衆、各御銚子事ニテ御參內アリ、女中舊院上﨟・上﨟・大典侍・權典侍・新典侍・勾当

（61ウ）

男衆

內侍・新內侍・御アチヤ〱・伊与殿・御今參、男衆」前內府・庭田入道・勸修寺大納言・廣橋大納言・源大納言・右衛門督・兵部卿・滋野井宰相中將・民部卿・兵衛督・右宰相中將・兼顯朝臣・実隆朝臣・予・俊量朝臣・元長・以量只祇候也、武家御供兼顯朝臣御劒、

日野富子供衆

宰相中將殿御供予御劒也、御臺御供權大納言局・三条局也、八時分ニ御參內アリ、如常三

三獻義政御酌

コンメニメシタシ武家御シヤク也、御クシ五コンメニアリ、男衆予マテ御クシ也、曉七時分マテニ御酒ハテ了、

一、各一銚子一種也、御所ニ伏見殿御テウシヒサケナリ、武家ヨリアマノ一荷參也、」

勝仁親王に櫻枝を進上
足利義尚勝仁親王御所御參言國御供を命ぜらる
貝覆ひ足利義政日野富子參內
足利義尚勝仁親王へ献上物あり
御配膳言國
初獻御酌庭田雅行二獻御酌言國
義尚供の女中あにやにや若宮上﨟男衆
雙六南御所御參
御遊
十度飲御人數

廿六日、天晴、

(62オ)
一、今日下スカタニテ御方へ參物ヲ申了、櫻一枝進上了、
一、八過時分御方御所若宮御方へ御參アルヘシ、予御供可參候由、廣橋弁ヨリ被申也、驄而コシラヘ參、
一、御貝ヲホイアリテ、武家・御臺御參內アリ、入江殿御參、ホウシユ院同之、伏見殿御貝以後御參、

(62ウ)
一、八過時分ニ御方へ宰相中將殿御參アリ、御供予御劒、」御折五合・小折十合・ヲサヘ物ノ御折五合・御坏臺一・柳十荷御持參アリ、御ハイせン予沙汰也、源大納言・兼顯朝臣武家御供トイへ共、御方ニ祗候也、初コンノ御シヤク源大納言、二コンメノ御シヤク予也、中將殿御供ノ女中アニヤ〳〵《武者少路あめ》上﨟也、初コン二コンニメシタシ、若宮上﨟・アニヤ〳〵上﨟・当当(マヽ)內侍局・御今參、男衆源大納言・兼顯朝臣・予御酒被下也、三コンメニ宰相中將殿御シヤク也、此御衆メシタシニ參、頭中將実隆朝臣御シヤクノヲリメシタシ被下（御シヤクニ新典侍殿御參アリ、）也、御會シユコ六アソハシ了、南御所御參アリ、ヱシヤ院マイラル、也、シユカクカツ

(63オ)
シキ參了、色〻アナタコナタ御遊アリ、」同御供ニ參也、
一、十度ノミ御座アリ、御人數、若宮御方・宰相中將殿・南御所・權典侍・新典侍・勾当・

十度飲以後後土御門天皇出御
足利義政御參
廣橋綱光召さる

シユカク・源大納言・兼顯朝臣・実隆朝臣・予ナリ、御サカ月御スツキ也、十度ノミ以
後　禁裏御ナリ《出御》アリ、同武家・伏見殿・御臺御參、同入江殿、其外女中以下各御參アリ、
大御酒無申計、御所様出御以後、兵部卿・滋野井・民部卿・大藏卿・以量・菅原在數祇
候也、廣橋大納言度〻御使ニテメサル、間祇候ナリ、九過時分御退出也、予御供申退出
也、」色〻予ニ被仰下事共アリ、祝着至也、退出之時、頭弁・頭中將兩人酒キヤノアマリ
ニ予ニ同道來、其マ、宿了、

（63ウ）

坂本下向につき參內して暇乞を申す
庭田雅行等に暇乞す
坂本に下向す
供衆山越につつじを見る
東谷松本坊にて茶を飲む

廿七日、天晴、
一、今朝坂本可下間、御暇乞參內、以勾当御暇ノ事申、御心得由被仰也、女中ニテ御酒被下
了、伏見殿・」御局共暇乞ニ參了、

（64オ）

一、庭田陣屋・飛鳥井ヘイトマコイニ罷了、
一、坂本ヨリ迎ニ兵衞・式部上了、
一、九時分ニ下也、供兵衞尉（大澤重致）・左衞門（坂田資友）・掃部助（小川重有）・式部（坂田資治）也、其外チウケン共ナリ、山越下也、
ツ、シ面白之由申間、ヤセコヘニ下、道ニテ酒アリ、
一、▒過ニ坂本ヘ下ツキ了、
一、東谷松本坊ヘヨリ茶ノミ了、其マ、坊主ヲツレタチ下也、八過ニ下ツキ了、」

風呂

（64ウ）一、風呂アリ、松本坊此方衆入了、

一、暮程ニ寺家宮内卿來了、永金同之、

廿八日、雨下、

一、今日松本坊此方ニ逗留也、朝飯アリ、

一、予執当坊へ罷也、酒アリ、供式部也、

雨中連歌興行
五十韻

（65オ）一、連歌ヲ雨中間興行也、五十」イン也、宝幢院・永金、人數、左衛門執筆也、予ホンク了、

一、風呂アリ、各入了、五郎左衛門興行歟、

一、夕飯中酒左衛門張行了、

一、二位來了、

廿九日、天晴、

寶幢院上洛

一、今日宝幢院上洛也、衛門二郎・イホ上也、此方ヨリ、宝幢院被上了、

（65ウ）一、松本坊登山了、朝飯東ニアリ、其以後被上了、

一、弥六ゐ中（備中）ヨリ一昨日京へ上ツキ、今日此方へ下也、

鮒

一、宮内卿江州ヨリ上來、ミヤケトテフナ（鮒）持參也、

〔文明八年夏〕

○原表紙缺ク、
原寸、縦二三・二糎、横二二・〇糎、

（後補表紙、柳原紀光筆）
「言國卿御記　文明八年夏」

（1オ）

四月小

天皇より命ぜらる類句短冊を書く

一日、天晴、自禁裏被書ルイクノ短尺書也、

朔日祝

一、今日祝着如恒、目出了、
一、執當・栗見三位礼ニ來臨了、
一、掃部助（小川重有）・五郎衞門兩人京へ出了、
一、二位下山ナリ、
一、宮内卿來、色々雜談了、

類句を書く
雙六を打つ
樂吹奏 平調樂
樂吹奏
般若心經書寫
三十三度禮拜
坂田資治朽木へ下向

二日、雨下、
一、今日自早朝ルイク書了、
（1ウ）
一、二位・兵□シユコ六ウツ也、宮内卿・左衛門（坂田資友）シヤウ□（キカ）サシ了、
一、津田ゐ中ヨリ上申也、
一、平調樂少々吹了、
一、刑部卿・新宰相來了、
三日、雨下、
一、今日雙調樂七フキ了、
一、心經一巻奉書也、去月廿三日分了、
一、永金來、雜談也、同道暮程ニ坊へ罷也、大師へ三十三度礼拜予仕也、其マヽ宿物語仕也、」
酒アリ、
（2オ）
四日、天晴、
一、今日式部暇乞、クツ木へ下了、
一、中務少輔（頼久）大原罷了、
一、風呂二位興行アリ、予モ入了、

樂吹奏
黄鐘調

一、雙調・黄鐘調樂フキ了、

一、濱ヨリ二位・小三郎同道夜ニ入來、二位酒ヲ興行也、

新後撰集類句
短冊書き終る

（2ウ）

一、□〔禁〕□裏被書新後撰ルイク小」短尺書ハテ了、以上十七ク、リ也、此サキ京都ニテ進上也、
　是マテ二反也、
四〔五〕日、天晴、

一、今日弥六京へ出了、

源氏物語梅が
枝巻を借る

一、執当白地來、源氏たまか〔梅かえの〕マキヲ借用了、

一、宮内卿隆憲メシ、彼ルイクノ御双紙校合了、

樂吹奏
盤渉調

一、盤渉調樂フキ了、

一、早朝二位登山了、

（3オ）

五〔六〕日、天晴、

一、今日櫻井新五郎來、スコ六ヲ兵衞・宮内卿・新宰相ウチ了、予タイメンせス云々、」

雙六

樂吹奏
盤渉調

一、盤渉調樂フキ了、

一、弥六下了、五郎衞門下了、

眞如堂參詣

一、朝飯以後眞如堂へ予・宮内卿同道參也、供兵衞・左衞門了、

中御門宣胤に對面

一、夜ニ入中御門（宣胤）所へ罷也、對面了、

七日、天晴、

藥調合

（3ウ）

一、今日宮内卿ニ談合、左衛門藥合了、

一、中務少輔大原ヨリ歸了、

一、二位下山了、京ヨリ衛門二郎下了、

樂吹奏
壹越調

一、壹越調樂フキ了、

一、夜宮内卿酒持來了、

一、五十（マヽ）

八日、天晴、

百日樂
後土御門天皇より命ぜらる類句雙紙を庭田家へ送る
地下祭禮
般若心經寄合讀誦

（4オ）

一、今朝二位登山了、

一、自今日百日樂可吹也、同歌、百万反念佛了、

一、衛門二郎京へ上也、禁裏ヨリ被仰下ルイクノ御双紙上了、庭田方（雅行）人遣也、

一、地下祭也、予心經三十卷、同礼拜在之、

一、毎月心經寄合ヨミ了、予二百十卷也、

一、平調、万歳樂（只拍子）・三臺急・甘州・五常樂急・鷄德フキ了、

日吉大社彼岸所にて三會已講始行

一、自今日三會已講、於大社披〔彼〕岸所《拜殿》アリト云々、

九日、天晴、

（4ウ）

一、今日平調、万歳樂《只拍子》・春楊柳・小娘子・太平樂急・老君子・林歌吹了、

月次和歌會

一、執当月次會也、予罷出、兼日如此、

兼日歌題

首夏風　松新樹　暮林鳥

花染の名殘の色は夏衣ひとへに風をまちもこそせめ

若みとり立かさねたる衣ての松の木陰やすゝしからまし

完地かき竹の林のむらすゝめくるれハなれかねくらとふ也

當座出題中御門宣胤
言國頭役

当座題中御門被出也、今日予頭分也、当座如此、

當座歌題

首夏

いつしかに四方の山へも夏きぬとすゝしき色の青木立哉

初戀

つゝむへきならひもしらす初草の露をたもとのうへにみんとハ

（5オ）

影戀

契つることハの花のちり行ハ風のたよりもうらめしき哉

古郷

よしあしをわかぬ難波の里人もむかし思ふの草やしるらん

晩及罷歸了、

十日、雨下、

一、今日雙調、鳥破・同急・春鶯囀颯踏・賀殿急・胡飲酒破フキ了、」

十一日、天晴、

（5ウ）

坂本濱今津堂にて勸進猿樂あり

一、今日ヨリ濱今津堂ニテ勸進ニ手猿樂アリ、自（マヽ）此方ヨリ見物ニ宮内卿・左衛・左衛門・五郎衛門罷了、

一、弥六早朝ニ京へ出了、▒今歸了、

一、衛門二郎下也、

一、雙調、酒胡子・武德樂・黄鐘調・海青樂・拾翠樂急・鳥急フキ了、

一、執当來臨了、

日吉大社三會勅使甘露寺元長下向

一、三已（マヽ）會講勅使ニ甘露寺弁被下、同甘露寺モ下向了、」

（6オ）

十二日、天晴、

一、今日中務少輔・▒五郎衛門上了、

公事

一、就公事執当上洛也、少輔同道了、

猿樂

一、猿樂見物ニ宮内卿・左衛兩人罷了、

一、盤渉調、只拍子採桑老・蘇合三帖・同急・輪臺・竹林樂・白柱吹了、

一、晩影ニ佐渡來、物語了、

一、白地ニ刑部卿來了、

一、二位下山了、

十三日、天晴、念仏了、

勸進猿樂見物に參る

一、今日勸進見物ニ宮内卿・二位・兵衛・左衛門□出了、

（6ウ）

一、盤渉調、只拍子宗明樂・万秋樂序・▒▒▒同破・同二帖・青海破〔波〕フキ了、

一、宝幢院下向也、イホ下、

一、坊宮内卿方ヨリ使アリ、予聽而罷、マリヲ興行也、人數予・宮内卿・新宰相・永金・左」衛門ナリ、

十四日、雨下、

蹴鞠

一、今日衛門二郎・イホ上了、

一、盤渉調、樂拍子採桑老・越殿樂・千秋樂、壹越、、春鶯囀颯踏・同入破、」

（7オ）

一、雨ヨリ勸進ナシ、

三會已講

一、今日ヨリ三會已講アリト云〻、

十五日、天晴、

勸進猿樂見物

一、今日勸進見物ニ宮內卿・二位・兵衛罷也、

阿彌陀三十三度禮拝

一、阿弥陀三十三度礼拝了、

一、壹越調、陵王破・賀殿急・胡飲酒破・酒胡子・武德樂フキ了、

蹴鞠

一、晩影ニマリアリテ坊へ罷、人數予・宮內卿・大輔・新宰相・大貳・永金ナリ、

（7ウ）

十六日、天晴、

一、今日永金時ニ來了、

叡山黑谷參向

根本中堂へ參る

一、予永金同道黑谷へ參、其中堂所〻人參也、予供兵衛尉（大澤重致）・左衛門ナリ、

後土御門天皇御服直衣

一、御服御直衣ヲリ出被下アリ、少輔・衛門二郎・イホ下了、執当下向了、

言國黑谷より下向

一、黑谷ヨリ予下向ニ宝幢院・宮內卿・二位ナトサカムカヘトテ一桶ニ少酒ヲ入、二色持來、酒アリ、甘露寺ヨリ佐渡使ニキタリ合了、

猿樂見物に松本坊來る

一、晩影ニ松本坊來臨也、此間猿樂見物ニテ濱ヨリ來臨云〻、

一、執当來臨了、

（8オ）
蹴鞠

一、坊ニマリアリテ罷出也、人數、執当・予・宮内卿・大輔・新宰相・二位ナリ、

一、今日雙《平》調樂フキ了、

十七日、天晴、

今津堂辨才天参詣
寶幢院庵にて酒宴興行

一、今日朝飯汁・中酒興行、昨日ヘンホウナリ、松本坊・宝幢院、御童子ニハ朝飯アリ、其外宮内卿・二位飯モタセ了、松本坊飯以後登山了、

一、宝幢院・宮内卿・二位・予同道今津堂ヘンサイ天ヘ參、予供、兵衛・少輔・左衛門ナリ、カヘサニ宝幢院庵ニテ酒アリ、左衛門・宝幢方」（8ウ）兩人ノ興行歟、

一、平調樂五フキ了、

一、衛門二郎・イホ京ヘ上了、

甘露寺元長來り蹴鞠をす

一、晩影ニ甘露寺弁（元長）來臨也、廳而同道坊ヘ罷、マリアリ、人數、弁・宮内《坊》卿・新宰相・予・佐渡也、坊主吉人アル間不出了、

一、マリ以後酒アリ、北小路宮内卿アリ、坊ヨリカヘサニ此方ヘ弁來臨也、タマ〳〵ノ事トテ樂フキタキノ由被申、太平樂急・五常樂急フカル、也、予モ吹了、同樂云〻、」（9オ）

十八日、雨下、

一、今日平調樂六フキ了、

一、京都ヨリ衞門二郎下了、

十九日、雨下、自今日又三會已講アリ、　三會已講

一、今日雙調樂五フキ了、

一、宝幢院アツラヘノ八雲四卷、自今日書了、今日ハ宝幢此方事ニテ雜談了、　八雲御抄書寫

一、執当白地ニ來臨了、

一、朝早ニ衞門二郎上了、

（9ウ）

一、自甘露寺佐渡使ニ來了、

一、夜ニ入二位下山來了、

廿日、雨下、

一、今日甘露寺上洛間、早朝ニ予イトマコイニ罷也、對面了、　甘露寺元長歸京

一、雙調樂・黃鐘調樂フキ了、

廿一日、雨下、

一、今日盤渉調樂六フキ了、

（10オ）

一、宮內卿隆顯予ニ八雲抄之一卷ヲアツラヘニ」持來、先心得由申、料帋ウケトリ了、　宮內卿隆顯も言國に八雲御抄書寫を依賴

一、宝幢院自東濱被下了、　東濱

一、弥六京へ立歸上了、

廿二日、雨下、

一、今日盤渉調樂五フキ了、

雨中冷然當座和歌會を興行

一、雨中冷然間一續予興行也、当座云々、

愚詠如此、巻頭 雨中新樹　遂日增戀　薄暮松風

言國詠歌

紅の下染なからふる雨にみとり色こき春かへて哉

日にそへて思ひますたの池水の浪に衫(マヽ)も猶くちねとや

さひしさの夕かとたに人とハヽ松吹風をきけとこたへん

寶幢院依頼の八雲御抄書寫終了

一、宝幢院アツラヘノ八雲四巻書ハテ了、

一、晩影ニ寺家ヨリチマキ被送《出來》了、

阿彌陀光

(10ウ)

一、夜ニ入皆徒然之由申、阿弥陀光ヲ興行也、人數、予・宮内卿・二位・兵衛・少輔・左衛」門・式部也、一興〱、

廿三日、天晴、

一、今日早朝ニ兵衛登山畢、

祭禮座敷

一、祭礼無為〱、目出度〱、無每年、寺家ヨリ予ニサシキヘ出ヨトテ使アリトイヘ共、

旁斟酌不罷出、左衛（門脱カ）尉罷了、

一、寺家前ヲ被通アル間、寺家へ内道ヨリ罷、見物了、供式部也、

（11オ）

一、夜ニ入盤渉調・壹越調樂フキ了、

般若心經書寫阿彌陀三十三度禮拜

一、大師□心經一巻奉書也、三十三度礼拜了、

廿四日、天晴、

後土御門天皇御服直衣色付張參らす

一、今日御服御直衣此方ニテ御色付ハリマイラせ畢、

一、兵衛尉下山了、

一、壹越調樂五フキ了、

一、二位先日ヨリ明日用トテ歌ヲアツラユル也、如此之詠只今遣了、

山路卯花

卯花のさくとハ誰かしら雪の色に山路そ冬こもりなる

（11ウ）

風呂

一、夜ニ入二位風呂興行アリ、予入了、

一、今日宮内卿ムカイへ下ト也、

廿五日、天晴、

御服御色様を御目にかく

一、今日御服御色様ヲ御目ニカケンタメ上マイラスル也、弥六上了、

御服御色様さしつかへなしと仰せらる

御服仕立参らす

近所火災

火事見舞に人人來訪

一、平調樂六フキ了、

一、二位酒ヲ持來、予ニ進也、サウメンアリ、

一、弥六下也、御服御色シサイモナキノ由也、目出度〱、

一、明日カウカヘ下トテ、宝幢院暇乞ニ來臨了、」

（12オ）

廿六日、天晴、

一、今日此方ニテ御服シタテマイラセ了、

一、平調樂フキ畢、

一、ゐ中ヨリ宮内卿上洛了、

一、夜ニ入宮内卿▒ス、ノ物ヲ持來、酒アリ、

一、此方二三ケン東ヨリ火出、家六ケンヤケ了、此方風ヨキ間クルシカラス、今夜事也、ヨイ也、中御門・唐橋藏人・田ツケ・栗見三位・豐（統秋）將監、其外方〻ヨリ人來了、」

（12ウ）

廿七日、天晴、就夜前儀、二位下山白地ニ來了、

一、今朝兵衞尉使ニテ夜前來、方〻ヘ礼申了、

一、就夜前儀、執当・宮内卿來臨了、

一、使遣礼トテタツケ來也、

豊原統秋に樂不審なるところを習ふ

一、豊將監統秋來、不審樂吹也、平調〻子ノコリナライ了、

一、暮程ニ夜前被來礼ニ中御門所へ罷了、供少輔・式部、

（13オ）

一、御服御迎ニ衞門二郎・イホ下了、

廿八日、天晴、

御服を届く

一、今日御服ヲ少輔モタせ上了、同衞門二郎上也、少納言上了、

元三大師參詣

一、予元三へ參詣也、供兵衞尉・左衞門・式部・五十嵐ナリ、

一、雙調樂五フキ了、

一、晩影ニ執当坊へ罷也、色〻雜談了、供兵衞了、

廿九日、雨下、

（13ウ）

一、今日雙調・黄鐘調兩調樂吹了、

近江津田來る

一、江州ヨリ津田上也、晩影ニ此方へ來、先夜火之旁礼ニ來、又在所儀無爲之由間、祝着之由申也、

○第十四紙白紙、

# 五月大

一日、天晴、

（15オ）

一、今朝津田方へ夜前來礼ニ兵衛遣了、

豊原統秋に樂を習ふ

一、統秋（豊原）礼ニ來也、平調〻子、蘇合序ナライカケ畢、

一、執当・同宮内卿礼ニ來臨畢、

一、タウケン入道京都ヨリ下了、掃部助（小川重有）里ヨリ此方へ下了、

一、晩影ニ盤渉調樂六フキ畢、

一、夜ニ入栗見三位礼ニ來臨了、

弥六を京へ遣す

一、二位下山了、弥六京〔へ上〕ヨリ了、

（15ウ）

二日、天晴、

一、今日弥六京都ヨリ下了、

一、盤渉調樂五フキ了、

三日、天晴、夕立、

一、今日早朝ニ五十嵐私用アリテ地下へ罷了、晩影歸了、

一、盤涉調樂・壹越調樂フキ了、

社參

一、暮程ニ參社申也、供左衞門(坂田資友)・式部(坂田資治)也、」

四日、天晴、夕立、

(16オ)

一、今日壹越調樂五フキ畢、

豐原統秋に樂の續きを習ふ

一、統秋來、蘇合序ノコリ習了、

宮內卿隆顯千載集書寫を望み中御門宣胤に依賴

一、晩影に中御門(宣胤)所へ罷也、宮內卿隆顯千載集ヲアツラヘタキノ由申間、料帋持罷申也、色〻雜談了、

酒宴

一、此方ニテ夜酒アリ、宮內卿・二位・左衞門・兵衞ナト寄合興行歟、」

五日、天晴、

(16ウ)

端午節句祝着

一、今日祝着如恒、珍重〻〻、

一、執当・宮內卿同礼ニ來、雜談了、

風呂

一、風呂アリテ入也、宮內卿・二位・此方衆トムル歟、

中御門宣胤に千載集書寫を斷はらる

一、中御門礼ニ被來也、昨夕双帋旁故障トテ、返ニ被持來了、無念〻〻、

一、永金礼ニ來、色ゝ雜談了、
一、平調樂、万歳樂《只拍子》・三臺急・甘州・五常樂急・鷄德フキ了、
六日、天晴、」

彌六播磨へ下向

（17オ）
一、今朝二位登山畢、
一、弥六京都へ上也、幡〔播〕磨へ可下用了、
一、平調、万歳樂《樂拍子》・春楊柳・小娘子・太平樂急・郎君子・林歌吹了、
一、晩景ニ二位用事アリテ下山了、

眞如堂へ參詣

一、予晩影ニ眞如堂へ參也、供兵衛尉〔大澤重致〕・式部ナリ、
七日、天晴、

再び眞如堂へ參詣

一、今日モ眞如堂へ參也、供兵衛尉・左衛門・式部也、五十嵐地下へ私用ニ罷了、
一、中務少輔〔賴久〕京ヨリ下也、弥六モ先下了、」
（17ウ）
一、雙調樂、鳥破・同急・春鶯囀颯踏・賀殿急・胡飲酒破フキ了、
一、津田ゐ中ヨリ上云ゝ、
一、晩影ニ永金來了、
一、俄執当上洛由承及了、

東林院年忌
眞如堂へ參詣 宮内卿隆顯同道
中御門宣胤より音信あり
和歌會
兼日題
言國詠歌

八日、天晴、
一、今日東林院（山科顯言）ネンキ也、永金・ヒケ坊主・宮内卿此方ニ時アリ、
一、二位今朝登山畢、
一、予眞如堂へ參也、供兵衞尉・少輔・左衞門・式部也、宮内卿同道了、
（18オ）一、統秋來、一日ノ蘇合序殘リ習了、」
一、晩影ニ雙調、酒胡子・武德樂、黃鐘調、海靑樂・拾翠樂急・鳥急フキ畢、
九日、天晴、
一、今日中御門方ヨリ音信アリ、其子細ハ執当今日會ニ約束間、罷出ヘキナリ《ノ条》、一桶可遣由也、雖出京由申、既用意間被遣了、留（守、下同ジ）寸間、此度可出由アリ、
（18ウ）一、予中御門所へ罷、旁礼ヲ申被出カシ」由申、坊主留寸間、此度由也、其ツイテニ当座題申了、予供式部、
一、雖留寸成、會坊ニアリ、予罷出也、
兼日如此了、時鳥　昌（菖）蒲　盡戀
山里ハ心つくさぬ時鳥都の人のさうなきつらん
しりそめて誰かよとのゝかくれぬにしける阿やめを先ハかかりけん

日の影乃またかたつかぬさきよりもたのめし今日の雪そまたるゝ

當座歌題

同当座、夏月　夏風　夏池　夏戀

代詠

頭巻人ニカハリテ

夏の夜ハ明行ことのやす川に影もあさくや月のすむらん

すくたくもしける櫻の木の本ハいとひし風の花となる哉

にこりなき池のこゝろをしら浪のこえて臺の露のはちすは

あふことハ夏のにおふるくすかつらくるしやさても何とうらゝん

（19オ）

一、盤渉調、採桑老《只拍子》・蘇合三帖・同急・輪臺・竹林樂・白柱フキ了、

會樣如常、晩影ニ罷歸了、

十日、天晴、

一、今日統秋來也、蘇合序フキ了、

大澤久守下向し來る

一、長門守（大澤久守）下也、寺家下向同道了、

一、自執当サウノツシノ風呂ヲトメラル、也、予・此方衆・中御門入了、

久守土産の酒宴

（19ウ）

一、夕飯中酒、長門守ミヤケニ興行了、宮内卿來也、

一、寺家へ長門守一カク持罷了、

久守宮内卿隆顯へ土産を贈る

一、夜ニ入、宮内卿方へミヤケトテ長門守一カク・二色遣ト也、

一、晩影ニ盤渉調、宗明樂・万秋樂序・同▒破・同二帖・青海破(波)フキ了、

　十一日、天晴、

寺家朝飯會

一、今日寺家ニ朝飯アリテ罷也、中御門・宮内卿・」(20オ)長門守・兵衛・中御門青侍人數也、

一、津田方へ長門守罷、酒アリト云々、

一、盤渉調樂、採桑老(樂拍子)・越殿樂・千秋樂、壹越調、春鶯囀颯踏・同入破フキ了、

一、統秋來、蘇合序フキハテ了、

一、竹阿京ヨリ下了、

　十二日、雨下、

上洛山越
日野勝光癰を病む
言國供衆中間

一、今日山コシニ上也、其子細ハ此間日野(勝光)ヨウヲ大事歡樂間也、予供兵衛・左衛門・掃部・式部・吉田五郎衛門・竹阿ナリ、其外チウケン共也、統秋同道了、

一、九時分ニ陣屋へ上ツキ畢、酒アリ、」(20ウ)兵衛・式部・吉田下了、

參内
勅命の和歌部類を書付く

一、先禁裏へ參、御前ニテ御沙汰ノフルイヲ予書ツカセラレ了、御酒被下也、若宮(勝仁親王)御方・伏(邦高親王)見殿へ參了、

日野勝光を見舞ふ
日野富子

一、暮程ニ日野へ罷也、廣橋(綱光)・同御方(兼顯)・庭田(雅行)・武者少路(縁光)(小、下同ジ)・町(廣光)ナトモ日野に也、御臺(日野富子)モ御座ナリ、庭田・予ニ酒アリ、庭田同道罷歸了、庭田へも罷也、

飛鳥井家高倉家を訪ふ
日野家を兩度訪ふ
泰山府君祭を行ふ
陰陽師
日野家へ參る人々
武家衆
後土御門天皇に召さる
安倍泰清に指貫を貸す
金葉集佳句部類を短冊に書き始む

一、日野へ御ナリモ今日アリ、

十三日、天晴、

（21オ）
一、今日統秋下也、衞門二郎下了、
一、飛鳥井(雅康)へ罷、對面也、藤宰相(高倉永繼)へ罷、女中ニテ酒アリ、廣橋ヘモ罷了、
一、日野へ兩度罷也、又暮程ニ罷出也、太《泰》山苻(府)君アリ、ヤカテ庭ニテアリ、五時分ニアリ、ヲンニヤウシ六七人所役也、各衣冠シヤクヲモツ也、ヱヘタイクソンニテ座ニツク也、是も衣冠也、冷泉(爲富)・武者小路・源大納言(庭田雅行)・花山院(政長)・飛鳥井・町・柳原(量光)・廣橋弁・高辻・冷泉中將(政爲)・甘露寺・予、日野へ罷アル人數也、其外武家衆もアリ、クハウス院・れんキ(就山永崇)、出酒アリ、
一、禁裏メサレ祗候也、又金葉如此前被書了、
一、泰清(安倍)予指貫ヲ借用了、

十四日、天晴、

（21ウ）
一、今日ヨリカクフルイノ小短尺書也、金葉ナリ、
一、朝飯中酒、石崎用意《興行》了、
一、晩影ニ日野へ罷了、

十五日、天晴、」

（22オ）
一、今日四辻番代ニ晝夜祗候了、

青蓮院尊應尊敦親王に酒饌進上

一、青蓮院（尊應）ヨリ二宮（尊敦親王）御方へ御タル三カ・御折共進上也、庭田・民部卿・頭中將・予ニ御所〈二宮〉御方ニテ御酒被下了、

一、暮程ニ日野へ罷了、

九條政基關白に任ぜらる陣儀

一、關白ニ九条殿（政基）ナラセ給也、同今夜陣儀アリ、上卿勸修寺大納言（教秀）、弁奉行職（事カ）使頭弁兼顯也、

十六日、天晴、

一、今日ヨリ当番也、祗候了、」

禁裏百萬遍念佛行はる

言國七萬遍

（22ウ）
一、百万反御念佛アリ、御人數女中以下、伏見殿・庭田・源大納言（甘露寺親長）・按察（白川忠富）・民部卿（三條西實隆）・頭中將・予也、予七万反、心經一卷・ユツウ念佛十五反也、御テンシンアリ、男衆へノフクハリ事、予ウケタマハリ也、

言國勅使として邦高親王を召す

一、伏見殿御參アレカシノ由、予御使ニテ被仰、可有參由アリ、

日野勝光に左大臣宣下あり

一、左府センアリ、陣上卿如夜前、弁同之、

一、武家（足利義政）ヨリ廣橋御使アリ、日野左府御礼被申了、

一、伏見殿御參アリ、御酒アリ、

日野富子勝光左大臣昇進の禮に參内
青蓮院尊應禁裏御加持に參る
日野勝光左大臣昇進の祝に赴く
日野勝光より返禮あり
禁裏御前にて佳句部類す
長橋局
日野勝光の雜熱病を見舞ふ

（23オ）
一、御臺左府ノ御礼ニ御參アリ、御酒」マイラセラレ了、
一、青蓮院御カチニ被參也、申ツキ予也、
一、時ノシヤウハン源大納言、於陣屋仕也、甘露寺・民部卿・予罷也、中酒興行了、
一、夜ニ入、源大納言同道日野へ左苻（府）ノ礼ニ太刀持罷也、兩人ニ對面也、同北小路殿（日野苗子）へモ罷了、御臺へ各申入了、
一、北小路殿御礼ニ禁裏被參了、
一、松木（宗綱）・甘露寺御番也、甘ハ在數番代也、
十七日、天晴、
（23ウ）
一、今日源大納言ヨリ使アリ罷也、酒アリ、
一、日野ヨリ使アリ、昨日罷礼也、太刀被送了、北小路ヨリ使アリ、
一、御沙汰ノフルイヲ予ニ御前ニテ書ツカセラル丶也、
一、長橋局（四辻春子）へ松木ヒヤクウウヲ被遣也、酒アリ、予罷也、
一、暮程ニ日野へ雜熱尋に罷了、
十八日、雨下、
（24オ）
一、今日松木・予兩人御タイクニ御ホクノヲホイヲ見サセ了、

御乳人

一、御チ人庭田・松木・予兩人ニ酒ヲ興行了、
一、色〻予物共被仰付了、
一、日野殿へ予隙入間、兵左衞門遣也、
一、竹田二位宮御方御ミヤク被參了、

勝仁親王病氣回復の後初めて湯浴みす醫師半井明茂丹波重長

　十九日、雨下、
一、今日若宮御方、今度御モウキノ後御ユハシメ也、半井二位《アキモチ》・ヤクインシケナカ（丹波重長）兩人參色〻御ユへ入御藥共持參也、九時分御ユメス也、以後アキモチ・シケナカ兩人御方ヘメ（24ウ）サル、也、アキモチ」ニハ若（マヽ）御方御サカツキヲ被下也、シケナカニ源大納言サ〻レ了、アキモチニハ御折帋ヲ被下也、シケナカユイ物ノ御服ヲ被下也、

勝仁親王全快祝

一、御ユノ御祝御方ニテアリ、御所様モ御ナリアリ、庭田入道（長賢）・源大納言・按察・兵部卿（松木宗綱）・民部卿・予祇候也、御酒アリ、御祝以後、衞門督・頭中將実隆朝臣・実俊量（綾小路）朝臣御礼ニ參了、各御酒被下了、

勅命の歌集部類を手傳ふ

一、御前ニテ御沙汰ノフルイノ御テチタイ申了、兵部卿・頭中將・俊量朝臣・予也、
一、暮程ニ日野へ罷了、

尊敦親王御診脈に竹田昭慶參る

一、御方ニテ御酒竹田二位宮御方御ミヤクニ參也、」

賀茂社氏人社司を打取る

御前番衆所

賀茂社守人殿上にて傳奏甘露寺親長に報告す

長橋局と御乳人今參局へ參る

佳句部類す

(25オ)

廿日、天晴、

一、今朝按察御前へ參披露也、此曉賀茂人竹中ハシ七人社家ヲ氏人サタシ了由アリ、言語道斷次第也、就其甘露寺・廣橋ヲメシ、同奉行右中弁ナト色〻談合了、

一、御前番衆所へ長橋(四辻春子)チヨウシヲ持被出、松木・予兩人ニ御酒給了、

一、御方ニテ御酒被下了、

一、暮程ニ日野へ罷了、同道也、

(25ウ)

一、賀茂モリハ昨日ヨリ在京事アル間、クルシカ」ラス、殿上參、甘露傳奏に物ヲ申了、

廿一日、天晴、

一、今日ヨリ綾小路(俊量)番代ニ予祗候了、

一、長橋・御チ人・▒御今參局へ銚子ヲ持御入アリ、酒アリ、是ハ昨日《里》キ無爲、又竹中同年間、さ様ヨロコヒ事也、源大納言・民部卿・予被罷也、ケイトク庵・武家衆ノ御チヤチ、(ヤ脱)モリ一桶・二色持來、大酒アリ、

一、御所様御沙汰ノカクフルイノ御テチタイ、予申了、」

(26オ)

一、日野へ暮程ニ罷出了、

一、以予源大納言御双紙事披露了、

　廿二日、天晴、

佳句部類金葉集名所部

一、今日予ニ御所樣御サタノカクフルイ、金葉ヲ拔書サセラレ了、名所ノヲノチ被書也、

大典侍局に酒宴あり

一、大典侍御局ニ酒アリ、予可來之由アル間罷、廣橋弁被來、

三條西實隆參內

一、頭中將御用アリテ參、御前ニテ御酒被下也、同以量祇候也、

一、夜ニ入頭中將長橋局ヘス、物持參、源大納言・予罷、酒アリ、其マ、頭中將(教國)滋野井番代祇候了、」

　廿三日、雨下、

(26ウ)

一、晩影ニ日野罷了、

佳句部類手傳

一、今日御沙汰ノカクフル(イ脫カ)ノ御テチタイ申了、

大澤久守上洛

一、長門守上也、夕飯中酒アリ、

栗を獻上

一、御所樣ヘ栗一ツ、ミ進上了、

一、暮程ニ日野ヘ罷出了、

一、源大納言長橋局ヘス、物二色被送也、滋野井・予隙入間、御所ニテ酒ヲ被進了、

伏見宮家にて當座和歌會あり

一、夜伏見殿ニ御当座アリ、如此、

當座歌題

　水邊螢　恨絶戀　」

あら火たく影かあらぬか難波江や浪のよる〳〵もゆる螢ハ
はかなしや恨數そふむつさもかきたえとハぬ中の契ハ

（27オ）

夜分禁裏御前にて物語す

一、御前ニヘ（マヽ）メサレ、滋野井・予夜スコク御物語申入了、

廿四日、雨下、御サンノ御礼ニ各禁裏へ被申入了、

東御方御産

一、今日四時分東御方（花山院兼子）御腹氣出來、御サン所へ御出アリ、御供ニ俄ニ被仰下間、左衞門參、竹阿弥・半井ナト方ミニ御サンノ事ニツイテ使遣了、

（27ウ）

第二皇女御誕生

一、九時分御サン無爲〳〵、珍重也、姫宮ニテ」御座アリ、

佳句部類

一、予カクフルイノ御テチタ〔イ脱カ〕申了、

皇女御誕生祝

一、御所ニテ御祝アリ、祝言計也、源大納言・民部卿・予御方ニテ御酒被下了、

新内侍局

一、夜新内侍局へ柳出來也、予ニ酒ヲ進了、御所へモ御銚子ヲ被參也、女中ニテ滋野井・予又被下了、

一、日野へ暮程ニ罷了、

御産所に祝申参る

一、ヒル八時分ニ源大納言・冷泉・民部卿・予同道御サン所へ御礼ニ罷參了、

廿五日、雨下、

後土御門天皇御誕生日につき讀經の事仰せつかる

一、今日早朝ニ陣屋へ御文アリ、今日ハ御所様シヤウ御タンシヤウ日也、心經五十卷・觀音

經三巻ヨムヘキノ由被仰、心得申由御返事了、」

（28オ）

後土御門天皇御誕生祝

一、御タンシヤウノ御祝アリ、庭田源大納言・民部卿御方ニテ御酒被下也、予計ニハ御前ニテ被下也、新典侍殿御サカ月也、新内侍シヤク也、

佳句部類手傳

一、御所様御サタノカクフルイノ御テチタイ申也、予書入也、滋野井參御酒被下也、

夜分禁裏御前にて物語申す

一、夜ニ入、滋野・予スコク御前ニテ御物語申入了、

外様番衆に短冊校正さす

一、予承外様番衆ニ名前計被書御短尺校サセラレ了、

廿六日、雨下、（五條）爲親朝臣番代ニ晝夜祗候了、

（28ウ）

各家青侍合力朝食會

一、今日陣屋ニテ合力アリト也、各」青侍共朝飯ヲ持來由アリ、

一、御サタノカクフルイヲ御テチタイ申了、

庭田雅行長橋局へ酒饌進上

一、長橋局ヘ庭田柳カタ〱二色被遣也、庭田同被罷也、酒アリ、廣橋局御參・新内侍典侍局・御今參・源大納言・民部卿・左宰相中將・予・綾小路御礼ニ參使也、罷、

後土御門天皇勝仁親王御所へ幸す文字書

一、御方ヘ夜宮御方ヘ御所様ナリ、予ヲメサレ御物語アリ、御文字書アリ、予モ仕ヘキ由被仰イヘ共、風氣ノ間故障申了、

一、今日坂本ヘ衞門二郎下了、

外様番衆に短冊校正を申付く

一、外様番衆昨日ノ校ノコリ予承申付了、」

廿七日、天晴、

（29オ）

一、今日陣屋之事也、

一、日野へ罷出、カフレ尋了、廣橋モ歡樂之間罷尋候也、

日野勝光を見舞ふ

一、雅樂頭來、皆青侍共物語了、俊藏主來臨了、

一、衞門二郎上也、ホク上、長橋局ヨリ進上也、御返事アリ、

廿八日、天晴、

」

（29ウ）

一、今日自　禁裏メサレ、驪而シコウス、石ニ物ヲ付サセラレ、御前ニテ長橋シヤクニテ御酒被下了、

召により參內

一、武者小路方ヨリ使アリ、日野可來之由也、雖御前隙入申、日野へ罷了、民部卿同道也、カヘサニ民部卿同道廣橋へ罷、歡樂尋了、

日野勝光に呼ばる

廣橋綱光を見舞ふ

一、又可祗候之由アリ、重而又予參、御沙汰ノカクフル〔イ脫カ〕ノ御テチタイサセラレ了、

」

重ねて召により參內

一、夜ニ入退出了、

廿九日、天晴、

（30オ）

一、今日晝計民部卿番代ニ祗候了、晩影ニ退出了、

一、御サタノカクフルイノ御テチタイ申了、

佳句部類を手傳ふ

一、暮程ニ日野所へ罷也、廣橋へモ罷、モウキ尋也、弁對面了、
一、ヤクシ、掃部陣屋へ來、ハシメテ對面也、百疋持來了、

卅日、天晴、

下姿にて參内
上姿にて召さる
新誕生皇女の首据え祝あり
伏見宮家へ祗候
長橋局に召さる
酒宴
小督

（30ウ）
一、今日日野殿へ罷了、飛鳥井へモ」久不罷間罷、色々物語申也、酒アリ、
一、下スカタノマ、御所へ參、長橋ニ御トウリウ事申了、
一、上スカタニテ可祗候由仰下サル、也、軈而參、此度ノ姫宮ノ御クヒスヘノ御祝アリ、御サン所ヨリ御桶參、御酒被下了、
一、夜伏見殿へ參、祗候了、長橋ヨリ可來之由アリ罷也、酒アリ、民部卿興行歟、御アチヤ〳〵▩《モ》ユトウ被遣、同被來、此間酒共小督留寸事也、」

○第三十一紙白紙、

（32オ）

六月朔日祝

# 六　月

一日、天晴、
一、今日祝着如恒、目出度〳〵、

庭田雅行の代りに禁裏小番を勤む

一、源大納言（庭田雅行）番代ニ予驄而祇候也、晝夜了、

一、クウクコン參、目出度〳〵、

勅命により詞花集佳句部類を始む

一、詞花集又今日ヨリ御所様カクフルイヲ御沙汰也、予モ御テチイ（タ脱カ）申了、

御末

一、御スヘニテクウクコン御祝アリ、長橋被出也、スヘノ者ユハウ也、予モ酒ノミ了、民部卿（白川忠富）モ也、

伏見宮家へ祇候

一、伏見殿（邦高親王）へ御礼ニ參、御酒被下也、

一、日野（勝光）・廣橋（綱光）へ暮程ニ礼ニ罷了、

禁裏朔日祝祇候人數

（32ウ）

一、夜如常御祝參也、祇候人數、源大納言・右衛門督・民部卿・實隆（三條西）朝臣・予・俊量（綾小路）朝臣・」元長（甘露寺）・以量（薄）ナリ、

二日、雨下、

一、今日ヨリ西坊（顕長）成（城カ）番代ニ予祇候也、四日可參了、

勅命の佳句部類を手傳ふ

一、御沙汰ノフルイ予ニ書ユカセラル、也、同御テチタ（イ脱カ）申了、

外様番衆

一、予承ニテ外様番衆ニ校合サセラレ了、

長橋局小督歸參　土産

（33オ）

一、長橋局（四辻春子）・小督歸參也、永〻歡樂」故久ハヘりゐ也、ミヤケニ酒アリ、大典侍殿・御今參御局也、源大納言・民部卿・頭中將（三條西實隆）・予罷也、

日野勝光の病氣を見舞ふ

一、暮程ニ日野へ罷、カフレ尋了、同道也、

三日、天晴、

般若心經讀經

一、今日毎月心經アリ、予百卷ヨミ了、

庭田雅行邸へ參り晩餐興行

一、源大納言陣屋へ罷、酒アリ、

一、夕飯中酒予源大納言陣屋ニテ興行了、

勅命の佳句部類を手傳ふ

(33ウ)

一、御サタノ御カクフルイノ御テチタイ、」源大納言・予申了、

一、晩影ニ日野へ罷了、

廣橋局長橋局へ酒を贈る

一、暮程ニ長橋局へ廣橋局酒被遣、酒アリ、源大納言・予罷也、

勝仁親王御所御陪膳に祗候

四日、天晴、若宮(勝仁親王)御方御ハイセンニ參也、夕飯也、

内侍所御領關大名領に接收せらるとの事により長橋局へ女房奉書を申入る

一、今日早朝ニ長橋へ御文事申入也、其故ハ所々開(關カ)、同西口關一兩日間□《シ》ヨタイメイトシテアクヘキノ由アル間也、御文如此、廣橋之メイヲクハヘサせ、ヤカテ渡邊源六方へ遣了、」

後土御門天皇女房奉書寫内侍所御領の關は他に混ずべからず大名共に仰せつくべし

(34オ)

ないし所の開(關カ)きたあけ候ハんするよし申候、これはよにこんし候ましき事にて候へハ、たいめいともにかたくおほせつけられ候へく候よし、むろまちとのへ申され候へく候と申とて候、かしく、

ひろはしの大納言とのへ

御湯殿の上にて酒宴あり

一、御ユトノ、ウヘニテ御酒アリ、源大納言・予ヲ御メシ被下了、

日野勝光の病氣を見舞ふ

一、暮程ニ日野へ罷、歡樂尋了、

五日、天晴、

勅命の佳句部類を手傳ふ

一、今日御サタノカクフルイノ御テチタイ申了、

一、▒此間以量於御前會〔繪カ〕ヲ被書了、」

勝仁親王御所にて碁を打つ

（34ウ）

一、若宮御方ニテコヲ予ナトニウタせラレ了、

一、暮程ニ日野へ罷了、

一、承予外様番衆ニ校合サせラレ了、

勝仁親王御所次の間にて酒宴あり参加人數

一、夜ニ入、若宮御方ツキノ間ニテ御酒アリ、源大納言・予・以量アリ、女中、新典侍殿・長橋局・御アチヤ〳〵局・清藏主・御チ人也、

法然繪をみせらる

一、ヨイノ程、御前ニテ予・以量ニ會〔繪〕ヲミせラレ了、ホウネンノ會〔繪〕也、

河原西關所司代により停止せらる

六日、天晴、河原西ノ關、シ〔シ脱カ〕ヨタイヨリ人をアケ了、

一、今日正親町番代ニ晝夜祗候了、」

勝仁親王御所へ御陪膳に參る

（35オ）

一、若宮御方御ハイせンニ參了、

一、御沙汰ノフルイノ御テチタイ予申了、

勅命により中御門宣胤所有の玉葉集を申うく

安禪寺宮參內

京都西倉口火災　花山院東御方御產所附近

大澤久守言國に色々申述べる事あり

日野邸訪問

召により參內

亂碁

後土御門天皇懸物を出さる言國勝つ

夜酒宴女中衆

一、予承ニテ外様番衆ニ校合了、
一、以予、中御門玉葉集上下巻申出了、御カクフルイノタメ也、
一、御前ニテ予・以量ニ御酒被下也、
一、安禪寺宮(應善女王)御參アリ、御サカ月參欤、
一、夜半ニセイサウロアケ了、花山院御サン所ノ前也、庭田・民部卿・予人ヲマイラスル也、サレ共クルシカラス、家ノ□十ケンニアマリヤケ了、
一、以予柳原(量光)小短(尺脱カ)申出也、五ク、リ出了、」

(35ウ)

七日、雨下、
一、今日長門守(大澤久守)予ニ色〻述懐ヲ申、俄ニ坂本へ下了、中御門同道也、
一、日野殿へ罷也、酒アリ、武者少路(縁光)・町(廣光)・柳原・廣橋弁(兼顕)・高辻(長直)・予、極﨟モアリ、
一、日野ヘノ留寸(守)ニ度〻可祗候由御使アリト也、罷歸聽而參也、御前ニテ正親町(公兼)・予・左少(甘露寺元長)弁・以量ニハカセランコヲヒロハセラレ御ランセラレ了、以勝負也、以量カツ也、今夜一種一御銚子持參スヘキ也、又御ケン物ヲ被出テアリ、予カチ取之、ユエン一チヤウ也、」

(36オ)

祝着了、
一、夜ニ入、三人シテ御銚子一色持參也、御サカ月參、女中、大典侍・新典侍・勾当(四辻春子)・伊与

勝仁親王御臨席

殿也、若宮御方・勸修寺殿(教秀)御座也、小哥ナトニテ御酒アリ、一興也、御酒以後スコク御物語申入了、夜フクル間、其マヽ御所に祗候了、

八日、雨下、

一、今日、日野へ罷出了、

內侍所御領闕事につき度々長橋局へ參る

一、就闕事、度ゝ長橋局へ罷(參)了、

(36ウ)

一、廣橋陣屋へ罷、雜談了、」

一、暮程ニ民部卿陣屋へ罷了、長橋局ヨリ使アリ、聽而罷、闕事也、伏見殿へ參了、

坂本より人來る

一、吉田・衞門二郎上了、坂本ヨリ也、

九日、雨下、

一、今朝雅樂頭(豊原緣秋)・吉田同道ゐ中へ下了、

日野邸へ赴き歸路高倉永繼邸に寄る

一、日野殿(勝光)へ罷也、カサ(マヽ)ヘサニ藤宰相(高倉永繼)へ女中ニテ酒アリ、

一、播磨ヨリ弥六上了、

(37オ)

一、正親町ウケタマハリニテ、小短尺陣屋へ被書(出)可書進上由也、」

薄以量をもつて召され參內

一、左衞門佐(薄以量)ウケタマハリニテ、予ニ可祗候由アリ、聽而參、雨中徒然ニ予アルヘキトテメサルヽ由被仰御酒被下也、甘露寺・正親町・薄祗候也、

後土御門天皇勝仁親王御所へ御成り

香合

七文字鉤

大光明寺喝食

夜更けて伏見宮家に宿泊す

名香を獻上

勝仁親王御所へ祇候

下姿

山科下向の暇乞に參内

山越にて下向

一、若宮御方へ御所様ナリ、ランコヲ御ヒロイアリ、御人數、御所様・宮御方・御カツシキ御所・正親町・予也、兩度アリ、各香ヲ御勝負也、兩度十カウ、御所様御カチ也、ランコ以後、七文字鉤アリ、御人數、御所様・宮御方・御揭〔喝〕食《大光明寺》御所・勾当内侍・正親町・予」・以量也、予雖退出夜フクル間、伏見殿へ參宿了、

(37ウ)

十日、雨下、

一、今日、日野へ罷出了、

一、下カタ〔ス脱カ〕ニテ御所へ參、御勝負ノ名香三色進上也、

一、御小短尺又陣屋へ被出、晩影ニ書出、下スカタテ持參、長橋局シテ被參了、

一、源大納言陣屋へ罷物語也、酒アリ、

一、下姿ニテ宮御方へ參也、夜ニ入參、伏見殿へモ參也、」

(38オ)

十一日、天晴、

一、今日御所へ御暇乞ニ參也、御目ニカヽリ色〻被仰也、若宮御方・伏見殿へ申入了、長橋局ニテ酒アリ、庭田陣屋へモ罷了、

一、俄ニ用事アリテ山越ニ下了、供左衞門・掃〔部脱カ〕・竹阿弥也、山フモトニテ迎ニ逢也、左衞尉〔門脱〕・式部也、

一、松本坊御所へ二位公出合事外ニ可來之由アル間、坊へ罷、酒アリ、

風呂

一、七時分ニ下ツク也、軈而風呂アリ、入了、

大澤久守事

（38ウ）一、長門守事、宮内卿無爲にトリサタナリ、夜酒アリ、」

十二日、天晴、

一、今日豊（統秋）將監來了、

一、刑部卿來臨了、

京都の物語

一、晩影ニ執当坊へ罷也、京都ノ物語申了、

一、夜ニ入坊ヨリ可來由使アリ、又罷、酒アリ、」

月例念佛

十三日、天晴、毎月念佛、

（39オ）一、今日宮内卿方ニ朝飯アリテ、長門守・少輔（頼久）・兵衞罷也、此方へモ中酒・色々送之、津田
此方事ト也、

大澤久守上洛

一、長門守京都へ上也、少輔・掃部（小川重有）上了、志賀マテ宮内卿・兵衞・左衞門（坂田資友）・式部（坂田資治）送ニ罷了、

一、樂フキ畢、

宮内卿隆顯誂への八雲御抄書寫始む

一、宮内卿アツラヘノ八雲一巻書出遣了、

十四日、天晴、」

（39ウ）
一、今日盤渉調樂七フキ了、

御服方文書蟲拂す

一、御服方事ノ虫拂仕了、

綾小路俊量誂への詞花集書寫始む

一、綾小路アツラヘノ詞花今日ヨリ書了、
一、京都ヨリ弥六下了、

中御門宣胤を訪ね雑談す

一、暮程ニ中（宣胤）御門所へ罷、スコク雑談了、

十五日、天晴、夕立、

一、今日樂フキ畢、
一、執当來臨、雑談畢、

日野勝光薨ず

（40オ）
一、京都ヨリ人下也、其故ハ日野殿過曉万」歳ト也、言語道斷次第也、予明日可上也、迎ニ掃・衞門二郎・イホ下了、
一、豊將監白地ニ來了、

近邊の清水流る所に涼みに行く

一、シ《近邊》水ノアル所へス、ミヘニ夜月ニ宮內卿・豊將監同道罷、宮內卿酒ヲ興行了、明日上洛ニ可同道トテ統秋此方に宿了、

十六日、天晴、夕立、

鷺森越に上洛
供衆

一、今日予上洛也、鷺杜コへ也、執当・統秋同道也、供兵衞・左衞門・掃部・式部也、其外

(40ウ)

山中にて酒を飲む

チウケン共了、山中ニテ与サウ酒ヲ興行也、」夜中ニ罷上也、五時分ニ陣屋へ上ツキ了、陣屋ニテ、ンシンニテ酒アリ、送者下人數、統秋・左衛門尉・掃部・式部也、

禁裏御番祗候

一、自今日当番ニテ御所へ祗候也、ヤカテ御前へメサレ了、

勝仁親王夕供御陪膳に祗候

一、若宮御方夕御供ノ御ハイセンニ參了、

一、伏見殿へ參了、

一、夜スコク予・在數(唐橋)御前ニテ御物語申入了、

一、執当陣屋ノ事也、

十七日、天晴、

地震

一、夜ニ入地神〔震〕三度了、

(41オ)

一、今日朝飯汁・中酒アリテ、民部卿來臨也、中酒執当興行也、

禁裏御禊大嘗會文書蟲拂

一、甘露寺・予・在數御虫拂了、御禊大嘗會方事也、

一、色々予ニ被仰付了、

大典侍の酌にて酒を賜はる

一、御前ニテ予計ニ御酒被下也、大典侍殿御シヤクニテ也、

一、夜スコク御前ニテ予・在數御物語申入了、

十八日、天晴、

禁裏文書蟲拂
日野邸へ弔問
日野邸弔問のため御番を相博す
山科邸前にて涼む若衆
將棊
禁裏の大嘗會關係文書蟲拂させらる
言國衰日
詞花集部類を命ぜらる
勝仁親王に香獻上

一、今日朝飯・中酒石崎爲執当興行也、
一、御虫拂、予・菅原在數仕也、御文共了、」
(41ウ)
一、晩影ニ日野へトフライニ罷出了、北小路殿(日野苗子)・光シユ院・れんキ、烏丸へハ民部卿同道罷了、日野トフライ也、
一、御番宿ヲハ日野へトフライニ罷間、甘露寺へ《ニ》相博仕也、門マテナレ共、チウフクノ所へマカレハ一夜へタテ參內也《ノ》間也、
一、夜月ニ予陣屋ノ前へニテス、ム也、皆若衆タチモ被遊也、三条・甘露寺弁(元長)・中山(宣親)ナト也、
一、夜予・在數スコク御前ニテ御物語申入了、
十九日、天晴、晩影雨下、」
(42オ)
一、今日爲執当汁・中酒、長門興行了、
一、甘露寺陣屋へ來、シヤウキアリ、
一、御虫拂皆ニサせラレ了、大嘗會方御文共也、
一、大略今日日野へトフライニ被罷了、予ハ今日トク日間、昨日罷也、
一、於御前詞花ノフルイ御沙汰也、
一、若宮御方ニテ御コウマイリ了、

佳句部類を手傳ふ

後花園院宸記蟲拂を命ぜらる

降雨のため下向を見合はす

後花園院宸記蟲拂

後土御門天皇御前にて花を立つ

東御方及び皇女參内

常御所で御祝

一、宮御方御ハイセンニ參了、

一、執当迎上、坂本へ下向了、」（42ウ）

廿日、雨下、時々晴、

一、今日御前ニテカクフル〔イ脱カ〕御沙汰也、予モ御テチタ〔イ脱〕申也、予ハ被書了、

一、朝御ケツリ也、御シタヽメニ源大納言祇候也、御シタヽメ以後、御方ニテ源大納言・予ニ御酒被下也、未御供不食之間、近比コハキ也、

一、夜スコク御前へ予ヲメサレ御物語了、

一、御虫拂、大藏卿（松木番代）・予・在數ニサセラレ了、舊院御記也、

一、予明日依天氣可罷間、御イトマノ事ヲ申入了、」（43オ）

廿一日、雨下、川原ニ大水出也、晩影晴、

一、今日雨降間、不及下向間、綾小路番代ヲウケトリ仕也、晝夜也、

一、御虫拂、予計仕也、舊院御記共也、

一、予ニ御前ニテハナヲタテサセラルヽ也、雖斟酌カタク被仰間也、

一、午剋ニ御サン所ヨリ東御方（花山院兼子）・同姫宮御參アリ、常御所ニテ御祝アリ、インコン參也、源大納言メサレ祇候也、予承也、三コンメニ御シヤクニテメシタシアリ、源大納言・民部

庭田雅行と東御方へ御祝に參る
庭田長賢御祝に參內

外樣番衆へ祝酒出さる
伏見宮邦高親王參內

勸修寺教秀皇女參內祝に參る
中山宣親敍位の御禮に參內
勸解由小路息女皇女上﨟に任ぜらる
皇女參內祝に花山院政長參內

卿・予計也、
一、東御方御ミヤケ柳三荷・御折五コウ也、御ツマトノ口テ又三人メサレ、女中御シヤクニテ」御酒被下了、
(43ウ)
一、東御方へ御祝〔礼〕ニ源大納言・予同道參也、御トメアルトイへ共、旁斟酌兩人罷歸也、
一、庭田入道御礼ニ御所へ御方ニテ御礼申ニ被參、御酒ヲタフ也、新典侍殿・二条殿・▒御アチヤノ局・二条御チ人也、予ニモ御酒給也、
一、外樣番衆所へモ御酒出サレ了、
一、伏見殿就被申御參內アリ、晩影也、御サカ月參、夜ニ入マテ御酒アリ、予又伏見殿御シヤクニテメシタシニ參了、
一、勸修寺大納言(教秀)姬宮御參ノ御礼ニ參、予披露ナリ、予承御酒ヲタヒ了、」
一、中山一級御礼ニ參、予申ツキ也、
(44オ)
一、カテノ小路ソクチヨ姬宮上﨟ニ被參也、柳一カ・二色、御カワラケノ物又二色也、
一、花山(政長)夜下カタ(ス脫)ニテ御礼ニ被參也、御方ニテ大典侍局・勾当內侍・御チ人被出御酒タフ也、予モ祗候也、猶御酒タフへキタメ、源大納言・民部卿メサル、トイへ共、ヒルノ御酒ニ沈酒トテ被(不カ)參也、

長橋局へ内侍所御領闕の狀を見せる

勝仁親王御所へ御陪膳に參る御齒黑獻上

坂本下向の爲禁裏はじめ諸所へ暇乞す

山越にて下向迎來らず

宮內卿隆顯

般若心經書寫

祭駕輿丁の在所

三井寺より南洞院房實來臨

一、夜カテノ小路ニ長橋局ニテ御酒ヲタフ也、長橋シヤウハン也、予モ被申間罷ソト酒タヘ了、

一、今朝長橋局ヘ闕シヨウヲミせマイラせ了、

一、若宮御方御ハイせンニ參也、朝御供也、同御ハクロヲモ被參了、」

廿二日、天曇、

(44ウ)

一、今日可下間御所ヘ御暇乞ニ祗候也、色〻被仰下畏入了、若宮御方御局ニ伏見殿ヘモ御イトマアリ《コイニ》參了、

一、源大納言・民部卿ヘ暇乞ニ罷了、

一、雖待迎不來之間、左衞門・チク阿ミ・衞門二郎計ニテ山越ニ下也、

一、八時分ニ坂本ヘ下ツキ了、雨フリサウナル間、迎ニ被來之由申也、比興〳〵、

一、執当來臨了、宮內卿隆顯來了、」

(45オ)

一、晩影ニ執当坊ヘ罷也、雜談了、永金來了、

廿三日、天晴、三十三度礼拜、心經二巻奉書也、一巻去月分也、

一、今日アキウノ祭也、此サイ地ノ者共カヨチヤウニ參了、

一、三井寺ヨリ南洞院(房實)來臨了、

一、衞門二郎・イホ上了、
一、刑部卿來臨也、二位公下山了、
一、夜ニ入、淸水罷出ス、ム也、南洞院・二位同道也、宮内卿酒ヲ持來、一興也、」

宮内卿隆顯八雲御抄を誂ふ

（45ウ）一、宮内卿予ニ八雲四巻又アツラヘ了、
廿四日、天晴、
一、今日宮内卿風呂興行也、此方衆・坊衆入了、
一、宮内卿江州へ罷下了、

笙及び樂譜の葛を蟲拂す

一、執当坊へ南洞院同道行、予預置笛ツヽラノ虫拂スル也、糸巻アリ、袋ニ云々、六帖フ〔譜〕同之、執当・南洞院与シヤキアリ、夕飯取寄ヘキ由ノ間、其分也、汁・中酒在之、晩影ニ罷歸了、
廿五日、天晴、」
（46オ）一、今日早朝ニ二位登山了、

蟲拂

一、色々虫拂了、
一、衞門二郎下也、晩影ニ刑部卿來臨了、
一、刑部卿來、シヤキヲサヽレ了、

碁

坂本濱一見
眞如堂參詣
山科家代々御影及名號繪等箱を蟲拂す

將棊

南洞院房實三井寺へ歸る

祥雲院日記色節會次第等入皮籠蟲拂

種々文書等入皮籠蟲拂す

一、暮程、掃部助下了、

廿六日、天晴、

一、今日南洞院・予コヲウチ了、

一、南洞院・予同道濱一見、眞如堂へ參了、予供、左衞（マヽ）・左衞門也、

一、代〻御影箱ニ虫拂了、一ニハ名号繪□」（46ウ）

一、刑部卿來臨、シヤキヲサ、レ了、

一、衞門二郎・タウケン上了、

一、暮程ニ掃部助下畢、

廿七日、天晴、

一、今日刑部卿來、シヤウキヲ南洞院トサ、レ了、

一、南洞院三井寺へ被歸了、

一、祥雲院日記入皮子ノ虫拂スル也、節會色〻次第共在之、少〻兵衞・左衞門ニモサセ了、」（47オ）

廿八日、天晴、

一、今日色〻記・下知事・口宣案入皮子虫拂了、兵衞・左衞門・掃部ニモ少〻サセ了、

一、晩影ニ二位下山也、

廿九日、天晴、

一、今日早朝ニ二位登山畢、

一、予□七夕之歌題撰了、

七夕歌題撰ぶ

(47ウ)一、暮□所へ七夕題ヲ持罷、對面色〻雑談了、三(マヽ)位公□遣了、

一、今夜禧着如恒、目出〳〵、

（柳原紀光後補表紙表書）
「文明八年秋
言國卿記
」

（原表紙）

七月大自十九日至廿一日在京也、

八月小自十六日在京也、日野參仕始事、同御參內、二宮御方青蓮院御一定之時、予申ツキ事、

九月大三日ヨリ坂本へ下也、

僻日記　文明八　七

（山科言國）
（花押）

（原寸、縦二四・八糎、横二一・二糎）

「(原表紙裏)禁裏様御とく日
御とくさる」

（1オ）
# 七月大

夕立出水
一日、天晴、夕立、大水出、

朔日祝
一、今日祝着如恒、目出度〳〵、
一、執当礼ニ來臨畢、

夕立
二日、天晴、早旦夕立也、
□(一)今日京都ヨリ衞門二郎下了、」

（1ウ）
夕立
三日、天晴、夕立、
□(一)今日衞門二郎京へ上了、

蓮葉を贈る
禁裏御用
一、江州宮內卿方ヨリ先日所望間、ハスノ葉十計上也、禁裏御用也、御サカ月御用也、

四日、天晴、

蓮葉を長橋局へ上る
一、今日早朝ニ蓮葉モタせ弥六上也、長橋(四辻春子)へ御文ニテ申了、掃部モ里へ罷了、各立歸也、長

橋局ヨリ御返事在之、

（2オ）
一、万歳樂只拍子・三臺急・甘州・五常樂急・春楊柳・鶏德・」太平樂急・小娘子・老君子・林哥フキ畢、

五日、天晴、

一、今日平調樂三、雙調、鳥破・同急・春鶯〔囀脱カ〕颯踏・賀殿急・胡飲酒破・酒胡子・武德樂吹了、

近所の風呂火災

一、近所之風呂ヤケアカリ、皆ヲトロキ了、サレ共ウチケス也、目出度〱、

六日、天晴、

般若心經寄合讀誦

一、今日弥六上了、毎月心經寄合ヨム也、予二巻也、」

（2ウ）
一、黄鐘調、海青樂・拾翠樂急・鳥急、盤渉調、宗明樂只拍子・蘇合序・採桑老・竹林樂・越殿樂、

暮程ニ二位下也、夜風呂ヲ興行了、予入了、

七日、天晴、

七夕

一、今日七夕ニ手向之儀如恒、目出〱、同祝着了、

言國興行和歌會

一、予興行會人數、中御門・執当・宮内卿・予・三位・統秋・重致也、各七首トヲリ題也、

一、執当短尺持來・宮内卿同・統秋同各礼ニ來臨了、

一、京都ヨリ弥六下了、

一、予今日哥如此云〻、各短尺也、（3オ）

言國詠歌

七夕

かさゝきのよりはの橋のとゝかせて秋にかハらぬほし合の空

稲妻

風過る山たの露にほのみえて雲間ほとなくいなつまの影

湖月

しかの浦やにほてる月にこゝとハんそのいにしへの秋もかくやと

忍戀

人しれす山下水のわきかへる心のそこをくミてたにしれ

逢戀

つゝかりし人の心も限あれハうちこそとくれ夜半の下ひも

山家

うき世をハいとふと人や思ふらん心にあらてすめる山里

述懐

（3ウ）

七夕手向の樂吹奏す

□〔けカ〕ふのゝの手向とやせん糸竹の世にかすならぬに□

晩影ニ七夕へ手向タメニ樂フキ了、盤渉調、只拍子採桑老・蘇合三帖・同急・輪臺・青海破〔波〕・白柱・千秋樂了、

大師參詣

一、暮程ニ參社申也、供兵衞尉・左衞門尉・掃部助・式部也、坊大師へ參、一晝夜ニテ御トウヒラク間也、酒アリ、予ハ其マヽ宿遊也、掃部・式部兩人ヲハカヤシ了、兩人又殘留也、

八日、天晴、時々雨下、」

（4オ）

一、今日時ニ永金來了、

一、二位下也、

九日、天晴、時々雨下、

一、今朝二位登山了、弥六京へ上了、

月次和歌會懷紙歌

一、執当坊月次會也、如常罷出也、懷帋哥如此、

二星適逢　風動野花　披書恨戀

言國詠歌

たま〳〵もあふ七夕の夜半なるにあくるしら□な天の河霧

風のたて露のぬきとやいと萩のゝたれてのへにゝしき□

□ちへつるかひこそなけれ《もなき》さの浦浪にきえなはきえね水く□□(きのカ)あと」

當座和歌出題言國

(4ウ)当座如此、出題予也、晩影ニ罷歸了、

分萩

をく露もみたれにけりなをのつからなるすそのゝ萩か花すり

祈戀

としをへて心つよさいあつさ弓八幡の神にいさちかいなん

祝言

松竹のよゝひを君かかそへてや庭のまさこにうへてゝつらん

一、京都ヨリ少輔(頼久)・竹阿弥下了、

月夜眞如堂參詣七日參

一、夜ニ入月ニ予眞如堂へ參也、供少輔・左衞門・掃部・式部ナリ、自今夜七日參ヘキ分也、

一、坊ヨリ歸リテ盤渉調、蘇合序・万秋樂序・同破・同二帖フキ畢、」

大澤重致叡山に登る新見小三郎

(5オ)一、晩影ニ兵衞尉登山仕也、ニイミ小三郎同道欤、

十日、天晴、時ゝ雨下、

一、今日掃部助京へ上了、

一、壹越調、陵王破・春鶯囀颯踏・同入破・賀殿急・胡飮酒破・酒胡子・武德樂フキ了、

眞如堂參詣
辨才天參詣

一、夜ニ入予眞如堂へ參也、執当・刑部卿・新宰相・三位同道也、予供少輔・左衛門・式部・竹阿弥、ヘンサイテンへモ參了、二位下山了、

十一日、天晴、雨下、

一、今日樂少〻フキ了、」

（5ウ）

一、朝旦ニ二位登山也、兵衛尉下山也、

一、弥六京都ヨリ下也、

眞如堂參詣の供衆

一、暮程ニ眞如堂へ參也、供兵衛尉（大澤）重致・中務少輔頼久・左衛（門脱カ）尉（坂田）資友・式部（坂田）資治・竹阿弥ナリ、

十二日、雨下、

一、今日朝旦ニ弥六京へ上畢、

一、平調樂七フキ了、

眞如堂參詣

一、夜ニ入眞如堂へ參也、供少輔・左衛門・式部・竹阿弥也、」

（6オ）

十三日、雨下、夜晴、

一、今日二位下山來臨了、

一、京都ヨリ衛門二郎・イホ下了、

燈籠

一、暮程ニ於此方アツラユル燈籠イテキ出來也、一ウリ、一柳枝わく也、

眞如堂參詣
中間
言國宿所奥の清水邊にて酒宴を行ふ
夕立
後土御門天皇と勝仁親王へ燈籠を獻上
水向の儀あり
眞如堂參詣供衆
坊衆
坂本濱の燈籠を見物

一、夜ニ入、執当・予・宮内卿同道眞如堂へ參也、坊供、刑部卿・新宰相・三位・チクコ・松若也、予供、兵衛尉・少輔・左衛門・式部・竹阿弥、其外チウケン共也、」

（6ウ）

一、二位夜風呂ヲ興行也、此方衆入了、

一、此方ノヲクノ清水ノアル所ニテ、二位酒ヲ張行也、此方衆、宮内卿ソ《子》クアチヤナト也、風呂ノカヘサ也、

一、今日坊ヨリウリ三コ此方へ被送也、近比ニカキウリ共也云々、

十四日、天晴、夜夕立、早朝ニ執当燈籠ヲ見ニ來臨也、

一、今朝禁裏・若宮御方へ進上ノタメ彼燈籠上也、ウリハ禁裏、柳枝若宮へ被參也、民部卿方へ狀ニテ申了、衛門二郎・イホ上也、」竹阿弥モ京へ上了、

（7オ）

一、掃部助下了、

一、暮程ニ水向ノキ在之、永金經ヲヨミニ來也、

一、夜ニ入、執当・同宮内卿・予同道シ眞如堂へ參也、予供、兵衛尉・少輔・左衛門・掃部助重有・式部等也、坊衆、刑部卿・新宰相・三位・チクコ・松若等也、宮内卿アチヤ同道シ眞如堂ノツイテニ濱燈籠共一見了、各也、櫻井新五郎モ同道也、

十五日、天晴、夕立、

盂蘭盆會曉の儀常の如し
眞如堂參詣阿彌陀聖觀音

（7ウ）
一、此邊曉之儀如恒云〻、永金來、經ヨミニ來也、」布施《フセ》カタノコトク在之、

一、眞如堂紅禪《トウセン》寺阿弥陀、シヤウノ観音へ參也、眞如堂マテハ執当同道也、坊衆、刑部卿・新宰相・三位・チクコ・松若也、予供、兵衛尉・少輔・左衛門尉・掃部助・式部也、兩所へハ予計參也、

水向の儀あり

一、晩影ニ水向之儀在之、

蓮の祝

一、ハスノ祝如恒在之、目出度〱、宮内卿方アチヤ此方ヨフ也、則來酒ヲ進也、

萬燈籠見物

一、夜ニ入罷出、所〻ノマントウロ見了、少輔・左衛門・掃部供也、

燈籠見物

一、夜二位下山也、燈籠可見物トテサソわル、ナリ、罷出也、共以前同之、此方へカへリ酒」（8オ）アリ、二位持來也、

十六日、天晴、

坂田資友上京

一、今日左衛門尉所用アリトテ京へ出へ了、

日野家弔問のため歸京を申入れらる

一、弥六下也、日野殿御訪、御臺へ各可被申間、此間ニ予可上之由申下也、

一、二位・兵衛尉・掃部シヨウフニキリコヲ取也、二位カチ、兩人マクル也、酒ヲ取寄了、」（8ウ）一興〱、

十七日、天晴、夕立、

一、今日弥六京へ出了、左衛門京都ヨリ下也、

一、中務少輔所用事アリテ江州へ下也、津田同道歟、

一、晩影ニ二位風呂ヲ興行也、予・此方衆入也、風呂アカリニ兵衛ウリヲ召寄也、左衛門又酒取寄了、

風呂

一、夜中御門所へ罷了、

中御門宣胤を訪問

一、平調、万歳樂《樂拍子》・春楊柳ナトノ樂六フキ了、

十八日、雨下、

一、今日コリヤウ祭也、心經一巻奉書写也、同三十三度礼拜了、

御靈祭
般若心經書寫
阿彌陀三十三度禮拜

（9オ）

一、予明日可上迎ニ衛門二郎・弥六・イホ下也、此便宜ニ禁裏・同若宮御方ヨリカヘノ御燈」籠被下也、

後土御門天皇勝仁親王より燈籠のお返し下さる

一、日野へ可遣阿弥陀經一昨日アツラノカイテキ出來也、

日野家へ送る阿彌陀經出來す

一、掃部助里へ罷、則聽而被下了、

一、盤涉調樂フキ畢、二位登山了、

一、暮程ニ夜坊へ罷也、平家アリ、キ、了、

平家琵琶を聞く

十九日、天晴、

上京
山越

禁裏御番に祇候す
勝仁親王に後花園院宸筆御手本を献上

庚申
後土御門天皇御前にて物語す
女中方にて酒を賜はる
禁裏御庭にて御遊あり
目無鳥遊び
幕府へ諸家系圖を求む沙汰す
後土御門天皇御會所へ涼みに御出す

(9ウ)
□〔ミ〕今日山越ニ京へ上也、二位山マテ同道也、櫻井新五郎京へ予ニ」同道也、予供、兵衛・左衛門・掃部・式部也、九時分ニ陣屋へ上ツキ了、石崎酒ヲ取寄了、

一、此間雖当番也、綾少路ニ相博也、宿ヨリ御番ニ予祇候也、松木・菅原在數祇候也、軈而予御前へメサル、也、色〻物語共アリ、若宮御方へ舊院御筆御手本進上仕也、

一、御前ニテ宮御方ト御コヲ參也、

一、今夜ハ申庚(マヽ)也、スコク御前ニテ御物語申入也、兵部卿・在數《菅原》・予也、

一、女中、大典侍(四辻春子)・勾当内侍、予計ヲメシ、夜御酒被下了、

(10オ)
一、御庭ニテ色〻御遊共アリ、若宮御方サセラレ了、」兵衛・予・菅原在數ニ目ナシトリヲサセラル也、一興〱、御所樣御見了、

一、今日当家系圖持上也、色〻陣屋ニテ談合了、室町殿へシヨ家ノ系圖ヲ御サタ也、其タメ了、

一、夜御會所へ御ス、ミニ御出アリ、若宮御方女中御供大典侍・東御方(花山院兼子)・勾当内侍・御アチヤノ、男衆兵部卿・菅原在數・予ナリ、

　廿日、天晴、

一、今日御番祇候申也、

日野勝光の事につき日野富子を訪ふ

二尊院祈禱卷數を勝仁親王に獻上

勝仁親王御讀書に船橋宗賢參る

孟子

經師大夫を召し御雙紙の事仰せ付けらる

外様番衆に部類佳句短冊の校合さす

新續古今集書寫を仰せ付かる

夜伏見宮邦高親王參內

勝仁親王言國と碁を遊ばす

後土御門天皇夜前に伏見宮家馬道に涼みに御出

勝仁親王御前にて碁を打つ

一、各御臺へ晝日野御トフライ申了、廣橋申入也、各コ《ト》サフライ所へ參也、コナタ方二十人
計也、
一、早朝ニ二尊院ヨリ若宮御方へ御卷枝進上也、予申ツキ了、
一、淸三位、宮御方御トク書ニ參也、申ツキ予也、孟子ヲアソハサル、也、以後御酒被下也、
兵部卿・」民部卿・予シヤウハンシノマせ了、予承了、
(10ウ)
一、經シ大夫メサル、也、以予御双帋ノ事被仰付了、
一、伏見殿參御酒被下也、曇花院(芳威元揉)御座也、
一、予ウケタマハリ外様番衆ニ彼小短尺ノ校合サせラレ了、予ニ又新續古今ヲ被書也、一向
ニ罷下可書了、
一、夜ニ入、伏見殿御參內アリ、予若宮御方ト御コヲ二三番參也、御所樣・伏見殿御覽了、
夜半ニ至、兵部卿・民部卿在數番代也、・予色〻御物語申入了、」
(11オ)
一、伏見殿御參內ハ夜前御所樣御ス、ミニ伏見殿メンタウマテ御出アリ、其御礼也、
廿一日、天晴、
一、今日可罷下處に事外に御トメアル間逗留也、
一、晝祇候申也、御前ニテ色〻御物語申入了、若宮御方御前ニテ御コヲ參也、

福王院百萬遍へ日野勝光靈前に燒香に參る

一、今朝フクわウ院・百万反兩所へ日野シヨウカウニ罷了、阿弥陀一巻遣了、
□〔一〕今日イチ日祗候、色〻御用共アリ、」
(11ウ)□〔一〕暮程ニ滋野井・左宰相中將・予ニ御酒被下也、色〻御物語共アリ、
一、宿ニ正親町西番代ニ祗候了、予計メサレ、色〻被仰下了、畏入了、

禁裏女中方にて御酒下さる

一、女中御酒被下也、御シツマリ以後ナリ、
一、若宮御方夕供御ノ御ハイセンニ參了、

勅命の新續古今集書寫を始む

一、被仰下新續古今書始了、

廿二日、天晴、

山越で下向す

一、今日山越ニ可下也、御暇乞ニ申入了、色〻被仰、畏入了、伏見殿御局之人參也、」
(12オ)一、アツサ迷惑間、二位坊へ罷、チヤヲノム也、大酒ヲ興行、晩影ニ下ツキ畢、

廿三日、天晴、

一、今日少納言・衞門二郎・イホ上了、

言國室着帶

一、女中帶ノ祝在之、目出度〱、
一、二位下山也、酒ヲ進了、執当來臨也、

新續古今集書寫

一、新續古今書也、

一、晩影ニ執当坊へ罷也、雑談也、所用アリテカヘサニ中御門所へ罷了、」

（12ウ）

廿四日、天晴、

綾小路有俊來訪

一、今日樂林軒（綾小路有俊）來臨、雑談了、

一、禁裏御双紙書也、

一、暮程ニ二位同道此邊ス、了、

廿五日、天晴雨下、

一、今日朝宮内卿方アチヤ・二位登山了、

豐原統秋來り樂を習ふ

（13オ）

一、統秋來也、蘇合破ヲナライカケ了、豐將監ヲ使ニテ、自南洞院」兒ノチヤウケンヲ女中へアツラヘラル、也、

禁裏御依頼の雙紙料紙代を下さる

一、京都ヨリ衛門二郎下也、禁裏御尋之料帋ノ代下也、

廿六日、雨下、

禁裏御依頼の料紙を上す

一、今日料帋一ソクメシヨセ上也、衛門二郎也、

（13ウ）

一、樂フキ畢、」

廿七日、雨下、風吹也、

一、今日雙調樂七フキ畢、

廿八日、天晴、

一、今日黄鐘調樂フキ畢、

一、暮程ニ永金同道坊へ罷、色々雜談也、酒アリ、

廿九日、天晴、

御雙紙書寫の短冊

一、今日早朝ニ掃部助京へ使ニ上也、禁裏被書御双紙之御短尺タラサル間、可申出御文進上」（14オ）了、殊に不審アル間尋申也、

衞門二郎強盗に錢を盗らる

一、シカクイノ二郎五郎京ヨリ御文ナトコトツカリ下也、昨日衞門二郎ニ代三百疋持下ヲ河原ニテトラル、由アリ、言語道斷次第也、

一、栗見三位來臨也、スコク雜談了、

一、執当來臨也、物語共了、

綾小路俊量依頼の詞花集書寫終了

一、綾少路アツラヘノ詞花集書ハテ了、」（14ウ）

一、衞門二郎下也、私用歟、掃部暮程ニ下也、御返事アリ、

中御門宣胤を訪ふ
勅撰集部類の事

一、夜ニ入中御門方へ罷也、禁裏被仰子細アリ、フルイノ事也、

卅日、天晴、

一、今日衞門二郎上也、

蹴鞠

勅命の新續古今集書寫終了

源氏物語梅が枝の巻返却す

新續古今集の校合を大澤重致となす

一、盤渉調樂八フキ畢、

一、坊《晩影》ヨリ使アル間罷、マリアリ、人數執当・宮内卿・新宰相・予也、

（15オ）

## 八月小

一日、天晴、

一、今日執当礼ニ來臨也、雑談在之、

一、宮内卿（隆顕）・ヤマト礼ニ來了、二位下山也、

一、禁裏（後土御門天皇）ヨリ被仰下新續古今書終也、小短尺廿二ク、リ也、

一、自坊借用之源氏梅かえの巻被返了、

二日、天晴、

一、今日左衞門（坂田資友）京へ出了、

（15ウ）

一、掃部助（小川重有）三井寺へ罷也、予南洞院（房實）方へ状遣了、

一、新續古今兵衞尉（大澤重致）ト校合了、

一、盤渉調樂七フキ畢、

三日、天晴、

一、今日掃部助京都へ上了、

一、サイ方治部卿に見參了、此方ニテ也、

一、壹越調樂フキ畢、

續古今集下卷を南洞院房實に貸す 三井寺門跡の用

（16オ）
一、三井寺南洞院狀アリ、予所持之續古今下」借用也、則遣也、門跡用歟、

一、夜ニ入栗見三位・刑部卿同道來臨了、

四日、天晴、

一、今日平調樂七フキ畢、

一、晩影に掃部助京都ヨリ下了、

一、暮程に永金・同九郎來、雜談了、

風呂

一、夜ニ入二位風呂ヲ興行也、予・此方衆・永金・同九郎・櫻井新五郎モ入了、

一、風呂アカリに二位ユトウヲ持來、酒アリ、」

（16ウ）
五日、天晴、

栗見三位より送らる短冊に和歌を詠む

一、今日栗見三位方ヨリ持來〔被送〕候短尺只今詠遣也、持爲卿出題也〔ヲ〕人々撰出興行也、承及間、水

クキノ思如此詠也、

耳（早カ）春霞　山時鳥　思篠

山里も春のくるすのおのつから霞色氣（氣色）にしられぬる哉

夢かとも思なからの一聲にね覺をしかの山ほとゝきす

ふりにける跡のゝこりて水くきの思のさゝいらいまそ分ぬる

一、平調樂六フキ畢、

蟲の鳴くを聞く

（17オ）

一、晩影ニ虫ヲ鳴ニ罷出也、供左兵衞尉・少輔（頼久）・掃部・式部（坂田資治）、」

六日、天晴、

一、今朝二位登山也、晩影又下山了、

一、雙調樂七フキ了、

一、掃部助暇乞、里へ罷了、

少納言船橋宗賢來る新續古今集下巻書寫の勅命を受く

一、京都ヨリ少納言（船橋宗賢）下也、供ニ衞門二郎下、此便宜ニ新續古今下巻禁裏ヨリ又書進ヨトテ御下」アリ、御潤色タメ伏見殿（邦高親王）御直衣下也、新續古今御小短尺先廿ク、リ御下候、

（17ウ）

一、暮程に九郎（永金子）來、スコク雜談了、」

七日、天晴、

月例般若心經讀誦
一、今日毎月心經アリ、京都ニテ百卷、女中百五十卷、予三百、(卷、下同ジ)、兵衛尉二百▒五十、、少輔二百五十、ナリ、

新續古今集上卷書寫終り獻上す
勝仁親王に松蟲鈴蟲を獻上
一、先日ヨリ書イタス新續古今上卷上、進上也、若宮(勝仁親王)御方へ松虫三・ス、虫二上、進上申也、衛門二郎上了、

百物語
一、奉ノ二位母留寸(守)に也予ニ來、百物語之由、二位方ヨリ使アリ、罷也、酒アリ、豐將監モ來也、

豐原統秋來り樂を傳授す
一、統(豐原)秋此方へ來、蘇合破ナライハテ了、

七日間社參
(18オ)
一、円頓者一卷奉書写也、夜ニ入刑部卿同道」參社申也、自今夜七日スヘキ心中也、

一、黃鐘調樂少〻フキ了、

八日、天晴、

邦高親王御直衣生地を張る
一、今日伏見殿御直衣ハラレ了、

一、盤渉調樂八フキ了、坊猿來被進了、

一、式部卿(マヽ)京都へ上也、依左衛門歡樂也、

後土御門天皇より昨日の御返事あり
一、掃部京ヨリ下也、禁裏ヨリ昨日御返事在之、

一、円頓者一卷奉書了、

(18ウ)
一、夜ニ入、式部卿同道參社中、供兵衞・」掃部助、永金・九郎モ來了、

九日、天晴、

一、今朝二位登山畢、
一、執当坊ヨリ可有會之由使アリ、
一、伏見殿御服此方ニテシタテラレ了、
一、執当會ニ罷出也、中御門(宣胤)モ被來了、

予兼日如此、夕出月　終夜月　曉入月

夕霧のたえまにみれハ山鳥の尾上はるかに月そ出ぬる
へならすに宵のまよりもおきゐつゝなかめあかしの浦の月影
あけ方になれハそのまゝしらむ也月のいるさの山のはの空

同当座如此、　出題中御門也、

(19オ)
野月　瀧月　舟月

むさしのゝ草はの露に影やとす月をはてなく思ふ長夜
みよし野の瀧の白糸よる〳〵ハ月のひかりにあらはれにけり
よしあしとわかぬ難波のうら人もくもらぬ月にはやハねらるゝ

邦高親王の御直衣を調製

和歌御會兼日題

言國詠歌

當座和歌中御門宣胤出題

披講無し

一、會様如常、ヒカウハ無人數之間無之、

一、會之カヘサニ中御門同道社頭邊虫鳴に罷ナリ、予スクニ參社申也、暮程也、供兵衛・式部ナリ、

庭田雅行より秋の蟲所望あり

(19ウ)

一、京都ヨリ式部・衞門二郎・イホ下也、庭田(雅行)殿ヨリ狀アリ、虫所望也、」天下無爲之由共沙汰アリト也、京ヨリ申下了、目出度〱、

一、朝旦円頓者一巻奉書了、

十日、天晴、

庭田雅行と三條西實隆に蟲を贈る

一、今日少輔・衞門二郎・イホ上也、伏見殿御直衣上了、庭田・三条西(實隆)方へ虫上也、

一、盤涉調樂八フキ畢、

大師講

一、執当坊ニハ今日別当大師講アリ、毎年事也、此方ノ者、兵衞・掃部・五十嵐夕飯罷也、式部ハモウキシ不罷云々、此方へ又予方へ」飯ヲ被送了、

(20オ)

一、暮程ヨリ刑部卿同道參社申也、予供、兵衞尉・掃部助、

一、二位下山了、

十一日、天晴、

一、今日壹越調樂七フキ畢、

一、京都ヨリ衞門二郎下也、伏見殿ヨリ御直衣御喜之御文アリ、

邦高親王より御直衣の禮狀あり

一、夜ニ入、刑部卿同道參社申也、予供、兵衞・掃部ナリ、」

十二日、天晴、

一、今日衞門二郎京へ上了、

一、執当來臨雜談了、二位興行ニテ風呂アリ、予・此方衆・坊衆入了、

風呂

(20ウ)

一、円頓者一卷奉了、夜ニ入、刑部卿同道參社申畢、供、兵衞・掃部、

円頓者

一、樂フキ畢、

十三日、天晴、円頓者一卷奉書了、

(21オ)

一、今日三井寺ヨリ南洞院來臨畢、爲祈禱理趣分讀誦、其外眞言在之、」目出度〳〵、

南洞院房實來り理趣經讀誦

一、盤涉調樂少〻フキ畢、

一、朝旦二位登山也、暮に又下山了、

一、掃部助津田方ヨリ用子細アリテ京へ上了、

一、晩影ニ京都ヨリカタ便宜アリ、長門狀ニ江邊使ニテ昨日十二日、日野ヨリ雖破物成夏袍送給也、其袍只今下也、祝着了、

日野家より破夏袍贈らる

一、夜ニ入、刑部卿同道參社申也、予供兵衞・式部也、今夜結願也、此間每日奉書、円頓者

七日社參結願

持參也、刑部卿社使ヲメシ遣之、ナイチンヘコメサセラレ了、無爲に結願、目出度〳〵」

(21ウ)
十四日、天晴、時〻雨下、
一、今日平調・盤渉調之樂少〻フキ了、
一、二位登山畢、夜ニ入又下山了、

將棊

一、刑部卿來、南洞院トシヤウキサ、レ了、
一、掃部助京ヨリ下也、

夕立

十五日、天晴、時〻雨下、夕立、
一、今日二位登山了、
一、刑部卿來、南洞院トシヤウキサ、レ了、

阿彌陀三十三度禮拜

一、阿弥陀三十三度礼拜也、時ヲ予ハスル也、」

(22オ)
一、京都ヨリ迎ニ少輔・衞門二郎・イホ下也、予明日可上也、
一、暮程に執当坊へ罷也、留守也、申置了、
十六日、雨下、

上洛
足利義政日野富子夫妻參內
言國扈從として祗候

一、今日予上洛也、暇乞ニ執当來臨也、予供兵衞・少輔・掃部・式部也、
一、九時分ニ陣屋へ上ツキ畢、今日御參內ト也、先番之間、コシウへ祗候也、御サウチ共仕

禁裏御沙汰祗候の人々

大御酒

言國酒宴の酌をなす

足利義政今日も參內日野政資出仕始

禁裏御進物

天酌

參內以前常御所にて御對面あり

足利義尚日野富子も參內

參仕衆

足利義政院勘の輩の祗候を執成す

歌舞あり

(22ウ)

了、」八過時分御參內也、御臺同御參也、御所樣御サタ也、伏見殿・安禪寺宮・曇花院宮(芳咸元揉)・眞乘寺宮御參也、男衆、廣橋大納言(綱光)・源大納言(庭田雅行)・按察使(甘露寺親長)・四辻前中納言(季春)・兵部卿(松木宗綱)・民部卿(白川忠富)・頭弁兼顯(廣橋)朝臣室町殿御供、御劔・予・元長(甘露寺)・菅原在數(唐橋)・橘富仲(五辻)(源、下同ジ)也ゝ等祗候了、如常大御酒也、夜九過時分ニハテ了、予モセコノ御シヤク仕了、今日雨中ニヨク罷上トテ、御所樣皆〱御ホウヒ也、」

(23オ)

十七日、雨下、時ゝ天晴、

一、今日モ御參內也云ゝ、日野從侍(マヽ)(政資)出仕始ニテ申沙汰也、禁裏進物御盆・カウハコ・キンラン一タン・御太刀銘物・二千疋也、インコン五コン也、三コンメノ御シヤク室町殿(足利義政)、五コンメテンシヤク也、先御參內以前ニ常御所ニテ御對面ニテ、內ゝ御サカ月被下也、其以後御參內也、八時分也、室町殿御供兼顯朝臣、御方御所(足利義尚)御供予也、同御劔、御臺(日野富子)御參御供權大納言局也、若宮御方□座也、御ヒクニ御所昨日同之、參仕男」

(23ウ)

□勸修寺大納言(教秀)・廣橋大納言・源大納言・按察使・四辻前中納言・兵部卿・滋野井宰相中將(教國)・兵衛督(飛鳥井雅康)・民部卿・兼顯朝臣・予・元長・菅原在數・橘富仲也、依日野申沙汰、インカノトモカラシコウノサせラルヘキノ由、室町殿ヨリトリ御申也、武者少路大納言(資世)・左大弁(町廣光)・右弁(マヽ)參(柳原量光)、メシタシニ參了、夜八過時分ニ中酒ハテ了、ウタイ舞在之、

言國召により直衣にて參內

一、予今日御供不具ノ間、故障申トイヘ共、直衣ニテ成共可參之由被仰下之間、直衣ニテ參了、面目〳〵、

一、勸修寺御シヤクノ時、予御クハヘヲ仕了、

足利義政准大法を行はしむ　阿闍梨實相院增運　紙燭の衆

(24オ)

一、今夜ヨリ於武家、准大法ヲコナハル、也、アシヤリ」実相院(增運)也、シソクニ少納言(高辻長直)・園少将・菅原在數・橘富仲・卜部兼致ナリ、

十八日、雨下天晴、

勝仁親王の御陪膳に祗候

一、今日若宮御方御ハイセンニ參了、御酒被下也、

一、御前ニテ沈ヲハラセラレ了、

日野政資出仕始の禮に來る

一、日野出仕始ノ由申、予陣屋へ礼ニ來臨也、太刀キン持被來了、

一、女中ニテ御酒被下了、

各々日野家へ禮に來る

一、暮程ニ各日野へ礼ニ被來也、予・松木(宗綱)・滋野井(教國)・頭中將・在數ナトハ前ニ隙入間、不罷出也、

禁裏女中に酒を參らる　男衆に御鉢供御賜はる

(24ウ)

一、暮程ニ女中御銚子ヲ被參也、男衆ニハ御ハチノ供御ヲタフ也、源大納言・兵部卿・滋野井宰相中將・」民部卿・実隆朝臣・予・菅原在數也、御酒以後色〻物語共アリ、

勝仁親王庭田長賢を召し御酒賜はる

一、庭田入道(長賢)メシ御方ニテ御酒被下也、予承也、兵部卿・民部卿・予モアリ、

一、若宮御方御トクシヨニ清三位參也、以後御酒被下也、予承也、申ツキ、

十九日、天晴、

一、今朝日野へ唐橋藏人・予同道礼ニ罷也、太刀金遣了、

一、宮御方御ハイせンニ參也、

一、御前ニテタキ物ヲアハせラルヘキタメ、予ニ又沈ヲコシラヘサせラル、也、松木チヤウ(丁子)シ、在數ニウコン(鬱金)ヲコシラヘサせラル、也、

一、晩影ニ男共ニ御酒可被下トテ各メサル、也、松木承リフル、也、」

(25オ)

一、七過時分ニ御酒アリ、伏見殿御參也、男衆、源大納言・四辻・按察使・兵部卿・兵衛督・予・俊量朝臣・菅原在數等也、御臺モ御參アリ、武家モ俄ニ御參內也、兼顯朝臣御供也、大御酒也、御前ニテ伏見殿・若宮御方・御臺ナト御キリコヲ御トリアリ、又兵部卿・予ニトラせラル、也、シヨフ也、予カチ也、近比異興也、

一、御酒半ニ御製アリ、如此、滋野井・民部卿・頭中將故障不祗候了、

山のはをすゝのほりても此宿の軒《のき》より出るふしまちの月

武家・伏見殿・若宮御方・御臺・勾当內侍・男衆各御返哥申入了、予○同之、

今夜なとひかりをそへて玉しきの庭にくもらぬふしゝちの月

勝仁親王御讀書

後土御門天皇禁裏番衆に御酒を賜はる

足利義政日野富子俄かに參內宴に加はる

切子勝負をさせらる

後土御門天皇御製

參會者各々御返歌を申入る

言國御返歌

一、自今夜、武家御イノリニシソク一人ツ□位□ンヲリ參也、」

（25ウ）

廿日、天晴雨下、

禁裏にて蜜を練らせらる

一、今日予ニミツヲネラせラレ了、

勝仁親王の御陪膳に參る

一、若宮御方御ハイせンニ參也、

一、今朝御今參局被出也、其故ハ昨日モリカヲト丶・雅佐兩人ウタル丶也、先度シヤウホントカウシテウタル也、三日ノキヤウフク、予被出了、

勝仁親王御所にて御酒を賜ふ

一、御方ニテ御酒ヲ源大納言・民部卿・予ニ大典侍局・勾当給了、

一、御前ニテ又沈ヲコシラヘ了、」

（26オ）

夜御前にて御物語申入る

一、夜御前ニテ兵部卿・在數・予、色々御物語申入了、

外様番衆に御雙紙短册を校合せしむ

一、予承ニテ御双紙彼御小短尺外様番衆ニテ校合了、

廿一日、雨下、

一、今日ヨリ綾少路番代ニ參了、

一、朝旦ニ又アマ《ヒツ》ヲ予ニネラせラレ了、

第二皇子青蓮院入室治定により尊應等參内す

一、明日二宮御方青蓮院ニ御サタマリ也、青蓮院（尊應）・同門家輩御礼ニ可上也、予ニ申ツキノ事ヲ被仰下也、

東洞院參內

番衆所經師大夫に短冊を切らす

夜御前にて御物語申入る

烏丸冬光出仕始

言國申次を勤め冬光を抱く

坊城俊名出仕始

青蓮院尊應上洛して不動院陣屋に入る

青蓮院尊應參內

獻上物

御對面

天盃

青蓮院言國に談合あり

一、若宮御方御ハイセンニ參也、

一、東トウイン(大炊御門信子)殿御參アリ、柳一荷御ミヤケ也、同御酒アリ、」(26ウ)□□(准后カ)御シヤクニテ各メシタシアリ、御ツマトノ□ヨリ參也、当番滋野井・民部卿・予也、

一、番衆所ニテ經シ大夫ニ御小尺短(マヽ)ヲ、予承ニテキラセラせ(スル)也、御酒被下也、

一、御前ニテ夜、滋野井・予兩人スコク御物語申入也、若宮御方御ハイン(せ脱カ)ニ參也、

廿二日、天晴、東大寺御ホウカ事此間申也、御盃ニカウロウ被出也、

一、今日烏丸兒(冬光)出仕始也、申ツキ予也、柳三荷・ヒフツ三色進上也、御サ月(カ脱)ヲ被下也、予彼兒ヲイタキ御前へ參也、以後蓮光院(烏丸資世)ニ御對面也、同御サカツキヲ被下也、」(27オ)

一、小川坊城兒(俊名)出仕也、柳一カ進上之、予申ツキ也、御前番衆所ニテ御イタメン(サカ月被下也)也、

一、八過時分ニ青蓮院御上洛也、不動院陣屋へ上御ツキアリ、門家人共各罷上了、先室町殿へ御礼ニ御參アリ、廣橋申ツキ也、

一、青蓮院ヨリ　禁裏へ進上御折大小廿合也、柳五荷ナリ、二宮御方御服物トテ千疋參ナリ、聽而參內也、申ツキ予也、同御對面也、二宮モ御出座也、女中ヨリインコン參也、初コン次第常コトシ、二コンメニハテンハイヲ青蓮院ニカタク二宮御礼アル間、青蓮院ハイリヤウナリ、聽而其御サカ月ヲ二宮御マイリアリ、三コメン(マヽ)御シヤクノ事、」(27ウ)予ニ青蓮院

祇候男衆

第二皇子伏見宮家へ行啓
上臈二條局御參

參仕人數

御太刀人數

宇治人數

坊官

御談合アリ、予則太〔大〕典侍局へ申入也、可然由アリ、則御シヤク也、青蓮院ノ御シヤクノ
トヲリ、女中男衆ヘトヲル也、シコウノ男衆、源大納言・滋野井・民部卿・予也、次二
宮御方、伏見殿へ御ナリアリ、上臈二条局御參アリ、男衆御供也、伏見殿ニテ各御對面
可有也、傳奏廣橋色々申サタ也、予申ツキ、則祇候也、御太刀進上之、次御出座、予（申ツキ）――
也、驗而其儀在之、次ニ次第ニ御太刀進上也、參仕人數如此、同不參人數如此也云々、

御太刀人數 」

（28オ）
定法寺法務前大僧正實助　執務善光院法印公助　上乘院法眼尊實　尊勝院禪師光什　不動院大僧
都顯豪　石泉院禪師證源不參　坊官　聽務大藏卿法眼經乘

宇治人數

報恩院前大僧正有玄不參　知恩院法印隆俊同　蓮花院大僧都隆玄
聖光院阿古丸不參　照泉院千代壽丸同　妙觀々權僧正有賀　禪明々法印俊政　無量壽々法印
祐齊　花德々法印實譽不參　安居々法印澄光同　法輪々ーー公範同　圓光々權大僧都應玄同　蓮門院ーー
光譽　明王々ーー忠助不參　南光々ーー長昭　蓮花院ーー助憲　南圓々ーー貞裕　三位權律師親助不參」
（28ウ）
□位ーー助圓同　中納言大法師重增同

坊官

世尊丸不參　帥法印泰堯同　新三位法眼玄律　刑部卿法眼泰巖不參　治部卿ーー泰溫　伊豫ーー泰俊不參
宮內卿法橋尋韶同　三位ーー玄精　大進ーー泰紀　伊与法橋泰本　刑部卿上座泰延　治部卿ーー泰諶　帥ーー泰濤　侍從都維那泰稠不參　民部卿經忠同　中納言尋瑤同　佐泰鍊同　坊官前興

侍

安芸上座安忠
日吉執当法眼眞舍

門徒

南岸岩德丸不參　圓明法印兼隆同　杉生暹恩　光藏木圓不參　月輪憲覺同　西城暹雄同　蓮養承覺同」
（29オ）
井上覺藝同　西養相模宗暹同

御太刀進上以後不參人數少〻御太刀、予ウケトル也、
一、伏見殿へ柳一荷・御折モタセラル、也、御サカ月參也、廣橋男衆少〻予メシタシニ參也、
聽而クハン御ナリ了、南圓院遲參間、長橋局ニテ內〻御對面也、南圓院予シヤクニテ
御酒ヲ被下也、是ハ長橋局申承故間也、
一、番衆所へモ御折・柳被出了、
一、滋野井同道靑蓮院へ礼ニ罷了、」

（頭注）
侍
門徒
不參の人の進上せる太刀を言國受取る
伏見宮家へ酒肴を持たせらる
還御
言國長橋局にて南圓院と對面す
番衆所へ酒肴を賜はる

今日の儀につき勝仁親王御所にて労はれる

賀茂社社司方足軽社頭に火をつけ氏人を攻む

賀茂社傳奏甘露寺親長

實相院足利義政のための祈禱終る

烏丸冬光

青蓮院尊應伏見宮家庭田家へ御禮に參る

青蓮院坊官より太刀受取る

大澤久守坂本へ下向

（29ウ）
一、長橋局ニテ滋野井・予ニ酒アリ、
一、御方ニテ予ニ御酒被下也、今日辛労トテ也、
一、新典侍殿局ヘ御礼ニ參了、
一、少〻二宮御礼可申入了、

廿三日、天晴、晩影雨下、

一、今朝賀茂ヲ《ヘ》アシカルナト罷ヨせ、ムル也、社頭ニ火ヲカケ、宇治人〔氏人〕三十人數計ウタル、也、言語道斷次第也、同傳奏甘露寺參、披露也、是ハ以前ノ末事也云〻、
一、実相院御イノリハテ被下候、
（30オ）
一、□二宮御方予ニ御太刀被下也、」祝着至也、
一、烏丸出仕始礼ニ來臨了、
一、青蓮院伏見殿ヘ御礼ニ被參也、庭田陣屋ヘモ御出アルト也、三百疋被遣也、以後坂本ヘ御下也、
一、今日又不參人數御太刀予方ヘ青蓮院坊官ワタス也、則ウケトリ了、
一、長門守坂本ヘ所用アリテ下了、
一、若宮御方御ハイせンニ參了、

外様番衆に御雙紙短册を校合せしむ
梶井宮堯胤法親王伏見宮家に御逗留
夜更けて禁裏御前に祗候し御物語申入る
御今參局歸參
醫師竹田昭慶第二皇子青蓮院入室の御祝に祗候
禁裏女房衆より酒を贈らる
外様番衆に短册を校合せしむ
足利義政歌合を集める
言國所持の春日歌合を坂本より取寄せ進上す

一、予ウケタマハリ、外様番衆ニ御双紙校合サせラレ了、彼御小短尺也、
一、先日ヨリ梶井宮、伏見殿ニ御座也、予御使ニテコケ・筆御進上也、
一、軈而御木共ニフせサせラル、也、予・滋野□へ也、御酒被下也、」
（30ウ）
一、陣屋へ執当來也、梶井殿へ御礼申度之由申間、予同道申入也、則御對面也、
一、御前ニ夜スコク祗候、御物語申入也、滋野井モ祗候也、
廿四日、天晴、御今參局歸參也、
一、今日竹田（昭慶）二宮御方青蓮院ニ御サタマリノ御礼ニ參也、御方ニテ御對面アリ、ツイテナカラ御ミヤクニ參也、御酒被下也、滋野井番代四辻・源大納言・民部卿・予、酒ノシヤウハン也、
一、朝飯中酒アリテ、源大納言陣屋へ罷也、
一、御チ人・太典侍局・勾当・新内侍・御今參ニ酒ヲ被參了、予ニモ也、」
（31オ）
一、彼校合予ウケタマハリ、外様番衆ニサせラレ了、
一、武家ヨリ哥合アツメラル、間、予ニモ可尋進上由アル間、坂本ヨリ春日哥合、予取寄進也、予所持也、
一、若宮御方御ハイせンニ參了、
一、兩傳奏・甘露寺參賀事談合也、

勸修寺教秀言國をして草花を獻上せしむ
言國花立つ

一、勸修寺大納言以予草花進上也、驪而予ニタテサ〔せ脱〕ラレ了、

廿五日、天晴、

一、今日予ウケタマわり、彼校合番衆ニ申了、

安禪寺入室治定の皇女伏見宮邦高親王に暇乞す
二條局抱奉る
言國守刀持參

一、〔來カ〕□廿八日ニ姫宮御方、安禪寺殿ニ御サタマリノ間、御暇乞ニ伏見殿ヘナラシマス也、」(31ウ)二宮上﨟二条局タキマイラセラル、也、予御マホリカタナ持參也、伏見殿ニテ御サカ月參也、予ニモ御酒被下也、驪而御カヘリアリ、

一、御チ人予ニ酒ヲ被進了、

松木宗綱明日田舍下向の爲禁裏へ暇乞に參る

一、兵部卿《松木》明日下トテ御イトマコイニ參也、晩影ニ御前ヘメサレ、御酒被下也、予モ祗候仕也、夜ニ入マテ色〻御物語アリ、

夜伏見宮邦高親王に召さる

一、夜伏見殿ヨリメサル、也、驪而參御酒被下也、源大納言祗候也、自御臺柳御持參欤、

伏見宮家へ撫子を屆け進す

一、伏見殿ヘ予御使ニテ、ナテシコ一ツ、被進也、」(32オ)

廿六日、天晴、若宮御方御ハイせンニ參也、

一、今日予ニ御ヱンコヲナヲサせラ〔ル脱〕ヘキ由、被仰下也、ソンシタル所ヲ平松ニ申ナヲサ《シ》せ可進上由申也、畏入由也、

五條爲親の番代に祗候

一、四辻申間、五条番代ニ今日明日可祗候ナリ、

外様番衆に短冊を校合せしむ
三條西實隆召され勅撰集部類重ねて仰付らる
下姿
言國勅使として邦高親王を召す
來月八日迄精進
禁裏十種香興行
人數
執筆後土御門天皇
火本言國
言國六種を當てる
三條西實隆南向御庭へ祇候
堯胤法親王馬道迄參內
後土御門天皇第二皇子俄に庭田雅行邸へ御出

一、又彼校合予ウケタマハリ、外様番衆ニ申付也、
一、頭中將メサレ、又彼フルイノ事、重而被仰付也、下姿ニテ御方マテ祇候也、予モ祇候也、
伏見殿勸修寺へ重而被仰也、□衆ニ傳（マヽ）法輪被仰了、」
一、晩影ニ御參アリ、夕飯《供御》被參了、
（32ウ）□□（一、予カ）御使ニテ伏見殿今日可有御參由被仰也、御畏入候由被申アリ、
一、明日ヨリ來月八日マテ御シヤウシ間、女中衆御銚子事申沙汰也、男ニハ民部卿・予計御
人數也、
一、夜ニ入、俄ニ十種香御興行アルヘキトテ御用意也、予ヲモメサレ、沈ヲキラセラレ、コ
シラヘサセラル、也、当番モコシラヘサセラル、《ラレ了、》也、則ハシマル、御人數、御所様・伏
見殿・梶井宮、上臈、大典侍・新典侍・東御方・勾当内侍・予也、執筆御所様、火本予
也、梶井宮・勾当八種、予六種也、其外ハ四五種也、」御香以後、御酒アリ、民部卿・予
（33オ）
・橘富仲御前へ參也、以予、頭中將《實隆朝臣》今朝部類ノ御返事申入也、下姿ノマヽ南向ノ御庭
へ可祇候由、予ニ被仰下也、其由申也、聽而參也、ヲキエンニ聽而祇候也、
一、梶井宮モ御下スカタ也、メンタウマテ御參ナリ、御酒九時分ニハテ了、
一、今夜若宮御方・二宮御兩御所御アイハナヲ御サタ間、夜半ニ俄ニ源大納言陣屋へ二宮御

出アリ、三日▒ヘタテ御座アル事也云々、二条殿・御チ人・予御供に參也、」(33ウ)

廿七日、雨下、ヒカンノ入也、

彼岸入

一、今日御所様・女中以下御時也、民部卿・予時也、シヤウハンスル也、タイ所ニテ也、

後土御門天皇以下臺所にて齋を食す

一、雲龍院御カイニ被參也、申ツキ予也、

雲龍院参る

一、以予カテノ少路(賀茂在盛)御小短尺申出也、十三ク、リ也、卜部兼致同之、

賀茂在盛卜部兼致勅撰集部類短冊を出す

一、若宮御方御ハイセンニ參了、

一、二宮御座アル間、源大納言陣屋ヘ參被遊也、御酒アリ、一タイ御座也、予時ニテシヤウ〳〵也、

一、大藏卿(西坊城顯長)ヲメシ、廣橋、二宮親王センケアルヘキ間、御名字記進上セラルヘキ由申サル、也、」(34オ)

後土御門天皇西坊城顯長に第二皇子の名字撰進を命ず

一、今朝執当下トテ暇乞ニ來了、

廿八日、天晴、

一、今日武家(足利義政)御所、日野ヘ代始渡御申也、同御方御所(義尚)・御臺(日野富子)御ナリ也、北御所ヘ被申也、代々予御成にハ參トイヘ共、不具間故障条進上ノ御太刀計、江邊方ヘ遣也、御方御所ヘモ同之、御太刀ニヒキヤハセニテフタヲ付也、山しなくらのか〻と也、

足利義政日野家へ代始渡御足利義尚日野富子も同道言國太刀に名札を付けて進上

庭田雅行邸に座す第二皇子に姫宮暇乞に御出あり大典侍局長橋局御供東御方

第二皇子還御四辻季春抱參らす言國護刀を持ち供す庭田雅行等妻戸口にて酒を賜はる言國ばかり新内侍の御酌にて酒を賜はる第二皇子親王宣下の陣儀上卿冷泉爲富勅別當大臣宣下もおこなはる諸臣第二皇子に御祝申す

一、今日陣屋之事ナリ、

一、源大納言陣屋へ參、二宮御方被遊也、

一、姫宮御方アンせンシトノニ御サタマリ也、八時分下也、安禪寺殿ヨリモメサル、トイへ共、日野へ□罷間不參也、姫宮御方御出ノ時、源大納言」(34ウ)陣屋ニ二宮御座ノ間、御暇乞ニソト御出アリ、ソト御コシヲヨせ被申也、姫宮御コシニハ太典侍殿御參アリ、長橋モ御供也、東御方モ御參アリ、

一、梶井殿モ源大納言陣屋御事ニテ御暇乞御申アリ、以後御酒アリ、

一、暮程ニ二宮クハン御ナル也、四辻タキマイラスルナリ、予御マホリカタナ持御供申、橘富仲御ラウソクヲ持也、御局へ御ナリ了、御祝一夜五時アリト也、源大納言・四辻・民部卿御ツマトノ口ニテ御酒タフト也、予モ被仰トイへ共、下スカタノ間不參處に御方へメサレ、依仰に新内侍御シヤクニテ御酒被下也、祝着至也、予計也、

一、夜五時分、親王せンケニ陣儀アリ、上卿冷泉(爲富)」(35オ)勅別当勸修寺大納言云々大納言、弁左少弁元長也、各見物參了、此せンケノツイテニ傳(轉)法輪(公敦)内府、九条殿(近衛政家)右府、鷹司殿(政平)左府、四辻(季春)亞相ニニンせラレ了、

一、各二宮御礼ニ申入了、予モ同之、予二宮御方・同御局へ御礼ニ參也、御酒被下也、姫宮御事モ内々御礼申入也、東御方へモ同之、

第二皇子御名尊敦親王と申さる

新内大臣轉法輪三條公敦及び新大納言四辻季春に祝を申述ぶ
安禪寺殿へお祝に参る

廷臣言國を介して尊敦親王宣下及び姫宮安禪寺入室治定の祝言上す
轉法輪三條公敦任内大臣の御禮に参内

公敦獻上の太刀御覽あり
新内大臣公敦天盃拜領

伏見宮家にて御酒賜ふ

一、二宮御名字、尊敦《タカアツ ソントン》如此云々、

廿九日、天晴、

一、今日烏丸所へ先日來臨之礼ニ罷也、内府へモ四辻へモ礼ニ罷了、」

（35ウ）

一、安禪寺殿へ御礼ニ參也、御酒被下也、御サカ月ハイリヤウ也、姫宮御方へモ御礼申入了、

一、五条番代ニ參也、

一、各以予二宮御方親王せンケ、姫宮御方安禪寺ニ御サタマリノ御礼被申了、

一、晩影ニ内府御礼ニ被參也、予申ツキ也、驪而御對面也、次宮御方へモ被申也、同御對面也、

一、夜ニ入、内府就御太刀事、サラニ御前へ予同道祇候也、彼御太刀御覽也、《小キツネ欤、》重而可被仰由アリ、御サカ月被下也、御前」ヲハ上臈、内府前、予御ハイせン也、勾当モ被出也、テンハイ内府ハイリヤウ也、内府サカ月上臈、次又内府參也、次勾当、次予ノミ了、内府ヨリノシヤク勾当也、

（36オ）

一、伏見殿ニテ今日御酒被下了、

一、今朝罷礼ニ四辻陣屋へ來臨云々、御前祇候間、不對面了、」

○第三十六紙裏白紙、

# 九月大

一日、天晴、

（37オ）
一、今日祝着如恒、目出度〳〵、

一、被仰下新續古今下巻書出了、

一、俊藏主・弥四郎・山井アキ礼ニ來了、

一、晩影ニ御祝ニ參內申也、彼新續古今持參也、御小短尺卅一ク、リ也、若宮（勝仁親王）御方御礼申入也、太（マヽ）典侍局・長橋へモ礼ニ參了、伏見殿（邦高親王）へモ參了、」

（37ウ）
一、夜ニ入御祝アリ、如常、祇候人數、四辻新大納言（季春）・源大納言（庭田雅行）・滋野井宰相中將（教國）・民部卿（白川忠富）・右宰相中將（正親町公兼）・頭中將（三條西）実隆朝臣・予・元長（甘露寺）・橘（源、下同ジ）富仲（五辻）也、先番衆所ニテテン酒祝着了、次メシタシアリ、如恒テンシヤク也、

一、源大納言相博之間、今夜宿ニシコウ了、

一、伏見殿御礼ニ御參、御サカ月參了、

朔日祝

新續古今集下巻書寫を始む

參內　新續古今集書寫短册を持參

勝仁親王に朔日祝を申す

禁裏朔日祝　祗候人數

番衆所

天酌

禁裏御番宿直

禁裏へ石を獻上す

後花園天皇聖忌のため安禪寺にて如法念佛を行ふ

安禪寺へ參り如法念佛聽聞

如法念佛會

二尊院善空沙汰

僧衆九人

男衆

聽聞衆

召されて勝仁親王の御所に祗候す

一、昨日罷礼ニ内府（轉法輪三條公敦）ヨリ使之、」

（38オ）

二日、天晴、長門守上洛、ミヤケニ夕飯中酒在之、俊藏主・サト來了、

一、今日長門守（大澤久守）上洛也、少輔・掃部上了、伊勢（貞宗）ヨリ石ノホセラル丶、坂本予所ヘツケラル、間、其ヲ長門守持上了、

一、下姿ニテ彼御石持參、正親町（公兼）シテ進上也、召上喜思食、軈而予着裝束可祗候由、被仰下也、則參彼御石ニ物ヲ被付了、

一、自今日於安禪寺（聖壽寺）殿、如法念佛ヲコナワルヘキ也、舊院御佛事也、御十三（マヽ）年、

一、御ナリノ礼ニ日野（政資）ヘ太刀持罷也、對面也、」北小路（日野苗子）ヘモ參了、

（38ウ）

一、安禪寺殿ヘ參、如法念佛聽聞タメ也、先御酒被下了、未ハシマラサル間、樂邦庵（萬里小路春房）ヘ罷物語也、左少弁（甘露寺元長）モ同之、

一、暮程ニハシマル也、先行水キアリ、次各淸（淨）衣ヲチヤクス、次入道チヤウ也、色〻キシキ在之、次第ニ可見物也、二尊院（善空）サタ也、僧衆九人也、男衆、庭田入道（長賢）・四辻新大納言（季春）・廣橋大納言（綱光）・按察使（甘露寺親長）・民部卿（白川忠富）・頭中將実隆朝臣也、奉行也、チヤウモンノ衆、大炊御門（信量）・源大納言・冷泉大納言（爲富）・滋野井・飛鳥井（雅康）・頭弁（廣橋兼顯）・町（廣光）・左少弁・」予・樂邦ナト也、

（39オ）

一、御寺ヨリ陣屋ヘカヘリ所ニ、若宮御方ヘ可祗候由御使アリ、軈而參、梶井宮（堯胤法親王）御座ナリ、

夜伏見宮家に祇候宿泊す

一、夜伏見殿へ參、御酒被下也、其マヽ被宿也、御物語申入了、

三日、天晴、

田舎下向の暇乞に參內す
御連歌御點の事に伏見宮家へ使す
大典侍局等にも暇乞

一、今朝御所へ可罷下御暇乞ニ參也、先伏見殿・梶井殿へ御使ニ參、御連哥御歌〔點〕被申出候事也、色〻被仰下、畏入了、」（39ウ）若宮御方・二宮（尊敦親王）・伏見殿・太典侍局、其外御局に御暇乞申入了、迎ニ式部朝旦ニ上也、

一、陣屋ニテ酒アリ、

山越にて下向
供衆

一、山越ニ下也、予供兵衞（大澤重致）・少輔（頼久）・掃部（小川重有）・式部（坂田資治）、其外チウケン共也、八時分に下ツキ了、

一、執当坊へ罷物語了、

四日、天晴、」

（40オ）

一、今日中務少輔・衞門二郎・イホ上了、

一、來九日進上之筆御ナカ被染了、

地下の者來る

一、地下ハヽノ者一人來、兵衞ニ合也、酒ヲノマセ了、

中御門宣胤を訪ひ雜談す

一、暮程ニ中御門（宣胤）所へ罷出也、對面スコク雜談了、

五日、天晴、

一、今日二位下山畢、

一、執当坊ヨリ使アリ、明日朝飯ニ可來由ナリ、中御門ヲモ可同道由也、則式部卿ヲ中御門方へ遣也、」

月例般若心經讀誦

（40ウ）一、毎月心經アリ、予二百五十巻也、

六日、天晴、

一、今日朝飯アリテ中御門同道坊へ罷也、此方衆兵衛尉・式部・二位罷也、

七日、天晴、

一、今日二位登山了、」

八日、雨下、

（41オ）一、今日弥六上《早朝ニ菊ノ》也菊御ナカヲ持弥六上也、

盤渉調樂吹奏す

一、盤渉調樂フキ畢、

九日、天晴、

重陽節句

一、今日祝着如恒、目出度〱、

一、掃部助京へ出了、執当礼ニ來臨也、

執當坊月次和歌會
言國風邪の爲和歌懐紙のみを出す

（41ウ）一、執当坊月次會也、中御門モ被出云々、」雖在度々使、予風氣之間、被出懐紙計出也、如此、

蟋蟀　白菊　遠煙

言國詠歌

風さむくなれるあさちの蛩なく音も草もうらかれにけり

をく露の色もかハらす白菊の花にちとせの數やそふらん

遠近ににきハふ世とて民の戶のあけぬ暮ぬと煙立《ツ》ゝゆ

此方へ題雖被送故障也、猶度〻当座被送候間、二首留置如此詠遣了、

寄菊忍戀

しのふより余所にハいかてしらきくの色にみたるゝ露をゝせはや

寄草釋教

此山のきくの一枝たをりつゝたえぬ御法の花とこそゝれ

一、坊會之歸路ニ中御門此方へ來臨了、」

(42オ)

一、夜ニ入、二位下山也、

平調樂を吹奏

一、平調、只拍子万歲樂・三臺急・甘州・五常樂急・鷄德吹了、

十日、天晴、

一、今日左衞尉(坂田資友)歡樂シカ〳〵トモナキノ間、式部宿へ京都ヨリコシニテ下也、衞門二郎モ下了、

新見小三郎來る

一、ニイミ小三郎來也、

平調樂稽古として吹奏
平調樂を稽古
阿茶丸
寺家に預置く
笛葛を取寄す
糸卷の笙
四郎大工
藥師堂參詣
大津へ赴く
南洞院房實に
續古今集下卷
を返す

一、二位風呂ヲ興行也、予モ入了、
一、クセ大郎衛門、治部卿ト同道江州へ下也、
一、平調、樂拍子万歳樂・春楊柳・小娘子・孝〔老〕君子・太平樂急・林哥、爲稽古吹畢、（42ウ）」
　十一日、天晴、執当上洛之由承及了、
一、今日衛門二郎上也、二位登山了、
一、平調渡物二、雙調、鳥破・同急・賀殿急・春鶯囀颯踏、爲稽古吹了、
一、松本坊下山也、此方へ來臨雜談也、夜酒ヲ被進了、
一、夜ニ入アチヤ丸、二位公下山了、
　十二日、天晴、坊ニ預置糸卷入笛ツヽラ取寄也、使少納言則虫拂畢、
（43オ）一、今朝坊ノ宮内卿方ヨリ鯇二此方へ被送也、軈而彼魚東アチヤ方へ遣了、」
一、四郎タイクヲ兵衛メシ、ヒカウコノコヲケヲサヽレ了、
一、松本坊登山也、　一、雙調樂吹了、
一、夜ニ入兵衛、予・二位・式部ナトニ酒ヲ進了、月ニ予コウホウシノ藥師へ參也、二位同道也、供兵衛・式部也、
一、昨夕大津へ罷也、今日三井寺南洞院坊へ寄ト也、其便に先日借用續古今下被返了、出來

也、

十三日、天晴、毎月念佛在之、

月例念佛

一、今日京都ヨリ掃部助下了、

（43ウ）
一、宮内卿隆顯アツラヘノ八雲四巻書イタシ畢、

宮内卿隆顯依頼の八雲御抄を書寫す

一、信濃行事所會也、執当罷出、此方ヘモ明月之間詠トテ被題送、如此詠遣候也、出題中御門也、

信濃行事所和歌會より歌題を送られ詠進 出題中御門宣胤

不知夜月
風まよふ霧のまかきの山のはをすゝこそのほれいさよひの月

水郷夕月
しかの浦の昔の秋をことゝへハ月の影さへうすき夕月夜哉

寄月見戀
此夜半の月をかことにいひなしてほのゝちのくの忍ふもちすり

月前祝言
君かすむ宿の軒はに千とせまてくもらす月の影をみるらん

（44オ）
一、黄鐘調、海青樂・拾翠樂急・鳥急、盤渉調、蘇合序・同破フキ畢、

黄鐘調盤渉調樂を吹奏

一、晩影ニ刑部卿・新宰相來了、

十四日、天晴、

盤涉調樂稽古として吹奏

一、今日盤涉調、採桑老〈只拍子〉・蘇合三帖・同破 急・輪臺青海破〔波〕・竹林樂、爲稽古吹了、

一、掃部助京へ出了、

月を見て和歌を詠ず

一、夜クマモナキ月ヲ一身ナカメゐテ、イト、都ノ事被思出、詠之、

木間より見るさへあるに月かけのさそな都はくもりなからん

十五日、天晴、今朝阿弥陀於佛前四十八度礼拜畢、

阿彌陀四十八度禮拜す

(44ウ)

一、今日二位登山了、

寶幢院より依賴の草子を綴づ

一、宝幢院アツラヘノ双帋ヲ上下トチ、古今ヲ書ハシムル也、

古今集書寫を始む

一、盤涉調、只拍子宗明樂・万秋樂序・同破・同二帖・採桑老フキ畢、

一、暮程ニ坊へ罷、移剋雜談了、

十六日、天晴、晩影及雨下、

(45オ)

一、此曉參社申也、供兵衞尉・式部也、

辨才天と眞如堂を參詣す

一、今日予時也、濱ヘンサイ天・眞如堂へ參詣了、供兵衞・式部ナリ、

盤涉調壹越調樂を吹奏す

一、盤涉調、白柱・越殿樂・千秋樂、壹越調、陵王破・胡飲酒破フキ畢、

一、中務少輔京都ヨリ下了、
一、夜ニ入、二位下山畢、
一、五十嵐地下へ罷了、
　十七日、雨下、天晴、

壹越調樂吹奏

(45ウ)
一、今日壹越調、春鶯囀颯踏・同入破・賀殿急・」酒胡子・武徳樂フキ畢、
　十八日、雨下、
一、今日樂フキ畢、

宮内卿隆顯に八雲御抄寫本を遣す

一、江州ヨリ宮内卿上來也、書出ス八雲四巻遣了、
一、宮内卿夜酒ヲ持來、酒アリ、
　十九日、雨下、
一、今日樂フキ畢、
　廿日、天晴、

(46オ)
一、今朝二位登山畢、

豐原統秋來訪樂不審の事について尋ぬ

一、豐將監統秋來也、樂吹、色々不審事尋了、
一、平調樂五フキ畢、

」

一、京都ヨリ弥六下也、衛門二郎下了、

執當坊七日參籠を始む

一、執当自今夜参《七日》籠之間、予坊へ晩影に罷也、

廿一日、天晴、

一、今日少輔上也、衛門二郎上了、」

井上小三郎

（46ウ）一、井上小三郎來也、兵衛方へフルマウ欤、予對面也、酒アリ、

豐原統秋來る

一、統秋來也、蘇合四帖アサヤケ吹了、夕飯此方ニアリ、宮内卿・アチヤ來、酒ヲ進了、

日吉社頭にて衆會あり德政を議す

一、二位下山也、於社頭トクセイ事ノ衆會アリト云々、

一、宮内卿江州へ下了、

廿二日、雨下、

平調樂盤渉調樂を吹奏

一、今日平調樂五吹也、盤渉調、蘇合序・同破四帖フキ畢、」

（47オ）一、アチヤ今日ハ此方ニテノ被遊了、

廿三日、天晴、

般若心經書寫阿彌陀三十三度禮拜

一、今日心經一巻奉書写也、同三十三度礼拜了、

一、二位登山也、兵衛尉ヒル登山畢、

雙調樂稽古として吹奏

一、雙調樂五吹也、為稽古云々、蘇合四帖吹也、

地下より栗貢進さる

一、地下自長拾方栗百・同ハコ共、ヒケコニ入進之也、先日所望故歟、」(47ウ)

廿四日、天晴、

雙調黄鐘調太食調樂を吹奏

一、今日雙調樂・黄鐘調樂吹畢、大食調同之、

一、竹阿弥私ニ用アリテ下了、

一、暮程に執当參籠留寸間、見マイニ罷也、酒アリ、

尊敦親王に栗を獻上す

一、弥六・源六上也、此便宜昨日之栗之箱ヲ上、二宮御方へ進上申也、長橋へ御文ニテ申入了、

廿五日、天晴、

盤渉調樂吹奏

一、今日盤渉調樂五フキ畢、

一、竹阿弥上洛了、兵衛尉下山也、

長橋局より栗の御返事あり

一、源六下也、長橋ヨリ栗ノ御返事有之、」(48オ)

廿六日、天晴、

八王子山にて勅命の小木を伐る

一、今日八王子山へ上、自　禁裏被仰石ニウワルヘキ少木共取也、同八王子三社へ參詣申也、供兵衛・式部也、驪而木共ヤトシ置了、

一、今朝執当參籠無爲之由申狀遣也、其礼トテ留寸に來臨云々、

盤渉調樂を吹奏

一、盤渉調、只拍子宗明樂・蘇合序同三帖・同四帖・同破 急吹了、

一、暮程ニ坊へ罷也、風氣トテ無對面云々、」

廿七日、天晴、

（48ウ）

盤渉調樂吹奏

一、今日盤渉調樂五吹畢、

樂の事に豊原統秋に使を遣す

一、豊將監方へ兵衛尉使に遣了、樂事也、

統秋に和歌題を送る

一、九月兼題ヲ統秋方へ遣也、人數予・統秋・兵衛計也、十五首也、

廿八日、天晴、自晩影雨下、

般若心經讀誦

一、今日心經三十三巻、同礼拜畢、元三へ也、

一、ニイミ小三郎、兵衛尉に合來也、スコク雜談云々、

豊原統秋來訪樂を習ふ

一、統秋來也、蘇合香五帖アラタメ習也、

壹越調樂吹奏

一、壹越調樂五フキ畢、」

（49オ）

廿九日、雨下、

一、今日樂吹也、

一、京都ヨリ衛門二郎下了、

晦日、天晴、

禁裏へ先日の小木獻上

一、今日早朝ニ衞門二郎上也、此便宜に自　禁裏被仰少木共少〻上進上也、勾当局へ御文進之申候也、」

豊原統秋詠歌を持來る

(49ウ)

一、統秋今日歌詠持來也、樂吹畢、

一、刑部卿白地に來臨畢、

點取和歌

一、予詠歌如此、各五首也、爲可點取也、

巻頭 暮秋月

秋もハやすきの木のまの月影をいまいく夜ハかみわの山もと

暮秋菊

行秋の後までのこれ紫にうつろふ菊をかすみ《ゆかり》ともみん

逢夢戀

見し夢のそのおも影を今朝のゝのわかれになして袖しほらハや

恨身戀

數ならぬしつのをたまきくりかへし思かそめしそ身のとるとなる

山家雲

雲とつる谷の戸ほそのくるしかとおもへハさひしむめのそら」

治部卿法印甥同道して來る

(50オ)

一、山ノ治部卿來臨也、サイ方兵衞對面、酒アリト云〻、治部卿ヲイトテ十一二ノ人同道ト也、

禁裏御乳人

一、アナウ円明坊へ御《禁裏》チ人被下トテ候也、御文アリ、大栗ノイカ一フタ送給候也、此便に念佛事ノ一巻予ニアツラヘラル、也、則双帋來也、予御返事在之、

一、彼イカ栗治部卿同道ノヲサナキ方へサイ方へ申候、遣畢、」

〔文明八年〕　○京都大學所藏菊亭本、原寸、縱二十六糎、横二十一糎、

「（後補表紙外題、柳原紀光筆）言國卿記　文明八年

端闕
十月　十一月　十二月奥闕」

〔十月〕○前缺ク、

豊原統秋來り壹越調調子を教はる

〔五日〕

（1オ）
一、（豊原）統秋來、壹越調〻子習了、統秋□

一、盤渉調、只拍子採桑老・萬秋樂序・同破□

一、二位風呂ヲ興行候也、予此方衆入候也、

一、自坊イノコヲクラル、ト也、

一、暮程ニ二位登山畢、

六日、天晴、

盤渉調樂吹奏

一、今日盤渉調、宗明樂《只拍子》□　□同四帖・同五帖・同破　急吹畢、

一、有所用事由申、中務少輔(頼久)江州へ下也、津田□

南洞院房實來訪す

一、三井寺ヨリ南洞院(房實)來臨了、

一、刑部卿白地に來也、

七日、天晴、

盤渉調樂を吹奏す

一、今日盤渉調、採桑老《只拍子》・輪臺青海破〔波〕・竹林□白柱・千秋樂吹畢、

(1ウ)

一、京都ヨリ衞門二郎下也、禁裏□

足利義政義尚日野富子等の祝事あり

一、武家(足利義政)・同御方御所(義尚)・御臺(日野富子)等ノ御□□下也、祝着畢、衞門二郎ニ□

坂田資友病氣減じ禮物を持參す

一、晩影ニ坂田左衞門尉(資友)歡樂減□□ヲ持來酒アリ、目出〳〵、

一、刑部卿來、南洞院トシヤウキア□

八日、天晴、時〻雨下、

(2オ)

一、今日刑部卿來臨也、南洞院トシヤキヲサ、レ畢、

一、京都五十嵐下畢、

豐原統秋を召し壹越調調子を習ふ

一、統秋方へ狀遣、召也、則來、壹越調〻子ヲ習畢、

一、晩影ニ南洞院歸寺畢、

一、少輔江州ヨリ上也、二位下山畢、

壹越調樂吹奏

一、壹越調、春鶯囀颯踏・同入破・陵王破・賀殿急・胡飲酒破フキ畢、
一、夜ニ入二位酒ヲ持來也、一興〳〵、」

（2ウ）

九日、天晴、時〻雨下、
一、今日二位登山也、少輔大原ヘ罷畢、

執當坊和歌會
言國故障あるも催促により出席す
言國詠歌

一、執当坊會也、予罷出事雖有故障、餘度〻使アル間罷也、懷帋如此、
冬天象　冬地儀　冬見散
此比は空さためなき氣色にて時雨にましるあさ日影哉
宮城野や秋のゆかりもみえぬまて霜のふるゝとなれる萩原
冬の夜も心こほらて思ひやるにしのたかねの月のひかりを

當座歌

同当座、山寒草
音たてし風ハ小さゝにのこれとも山下萩ハ冬かれにけり
谷時雨」

（3オ）

染のこす紅葉やあるに冬までも〻たにかくれわ時雨ふるらし
庭冬月
庭くらき木のはにちりて山里の月のなかめハ冬にそ有ける

壹越調平調樂を吹奏

一、壹越調、酒胡子・武德樂、平調渡物等吹也、

十日、天晴、

般若心經讀誦

一、今日毎月心經アリ、予二百五十卷也、

松本坊童子來る

一、松本坊御童子來也、兵衛同道罷也、□本坊□此間濱也、兵衛宿了、夜前罷宿云々、

平調樂吹奏

一、平調樂五吹畢、」

（3ウ）

十一日、天晴、雨下、

一、今日大原ヨリ少輔歸也、予ニ酒ヲ進之了、

平調樂吹奏

一、平調樂フキ畢、

松本坊松茸汁を興行

一、濱ヨリ松本坊・同御童子・兵衛同道來臨也、松本坊松タケ持來、汁ヲ興行也、中酒同、

京都より言國の衣服下る

後土御門天皇より御文服下さる

銀杏の葉三紋

來月法華御懺法講の事仰せらる

一、京都ヨリ掃部助下也、予袍・下指貫・直衣・練貫下也、御服御唐ヒツ下了、自禁裏御文被下也、度々御參內無祗候間トテ御オサヘ物ノイチヤノ葉ノ三ナラヒナルヲ被下也、祝着至也、來月御懺法講アルヘキ由被仰下也、色々被仰下也、畏入了、

（4オ）

雙六

一、夜勝負ニシユコ六アリ、人數予・兵衛・少輔・」松本坊之中者ユ阿ミ也、兵衛勝畢、

十二日、

一、今日朝飯汁・中酒、夜前勝負ニ罷了、

豐原統秋來り樂吹奏

中御門宣胤執當坊へ來り歌會に言國を呼ぶ

言國詠歌

坂田資友等備前國山科家領へ下る

豐原統秋來り壹越調樂吹奏

松本坊童子菊花を持來る

一、松本坊・同童子濱へ被歸畢、
一、統秋來、樂フキ畢、
一、掃部京へ上也、
一、執当坊へ中御門(宣胤)來臨也、予ニ可來之由申、度々使アリ、予旁□中也、尚以新
(4ウ)
宰相平□」統秋ヲ同道罷也、　一、□歌如此、夕飯在之、中御門同道歸畢、

寒草　時雨　寄山戀　神祇

をく霜をえこそはらハねやつれ行野への尾花の袖のよハさに
うき雲ハ《の》ふもと計に時雨れハ峯にハぬれすかへるしい人
年をふる忍ふの山の山守にくるしき戀の道や尋ねん
松のはのちらぬためしのことふきに此やとまもる住吉の神

十三日、天晴、
一、今日少輔(頼久)京へ上也、左衛門尉(坂田資友)・源六モ上、此マ、スクニ播磨《ヒセン》へ下へキ也、」
(5オ)
一、統秋來也、壹越調賀殿破只拍子吹畢、
一、ミノ北殿ヨリ使ニ御僧上來也、
一、松本坊御童子予ニ菊ヲ持來タフ也、兵衛又同道濱へ下也、其マ、宿云々、

勾當局より御依賴の源氏物語書寫しはじむ

大澤久守より書狀あり來たる御懺法講御樂目錄散狀下付さる

南洞院房實より菊花もらふ

夜樂を吹奏

昨日南洞院房實より贈られし菊花を大澤久守に遣す

阿彌陀三十三度禮拜

一、局ヨリ承源氏双紙書ハシメ畢、

十四日、天晴、

一、今日統秋來也、賀殿破吹畢、

一、京都ヨリ小四郎下也、長門方(大澤久守)ヨリ御文アリ、御懺法講御樂目六・散狀等下也、

一、南洞院(房實)ヨリ菊一ツ□」

(5ウ)
一、松本坊白地に來□來、又兵衛同道濱へ下宿也、

一、刑部卿・三位來了、　一、晩影ニ衞門二郎下也、

一、ミノヨリ上僧今朝下畢、

一、夜入樂共フキ畢、　一、河内ヨリ道ケン上來云々、

十五日、天晴、

一、今日早朝衞門二郎上也、昨日菊長門方へ上了、

一、樂共フキ畢、新宰相來畢、

(6オ)
一、松本坊此方へ來臨也、夕飯汁ヲ兵衛興行、」濱ノシヤウトウモ來、暮程に松本坊・シヤウトウ歸也、御童子ヲハ兵衛トムルト云々、

一、阿弥陀佛前にテ三十三度礼拜畢、

十六日、天晴、

一、今日京都ヨリ少輔・衞門二郎・下﨟▒《ア》ヤ裝束共ハルヘキタメ也、・イホ下了、予ヲリスチ小袖下也、廣橋（綱光）・庭田（雅行）袍、甘露寺（親長）直衣、民部卿（白川忠富）指貫下也、潤色ノタメ也、

廣橋綱光等衣服潤色を山科家に依頼

一、松本坊濱ヨリ談キヘ參、カヘサニ此方へ來也、御童子ハ昨日ノマヽ、此方兵衞トメ畢、

（6ウ）

一、野トウ白地也、是「　　　」被參畢、

一、樂共フク也、夜モ御懺法御樂講「　　」

御懺法講御樂習禮

十七日、天晴、

一、今日衞門二郎・イホ京へ畢（マヽ）、

一、松本坊濱へ歸也、同御童子了、

一、歡樂之由申□、色々申遣間、暮程に▒統秋來、御懺法事申也、万秋樂破同樂了、

一、御懺法御樂共フキ畢、兵衞他所へ罷宿也、」

御懺法講御樂習禮

十八日、天晴、

（7オ）

一、今日彼源氏双紙書ハテ畢、

源氏物語書寫終る

一、京都ヨリ甘露寺サウシキ中御門方へ下云々、此便宜ニ禁裏・同若宮御方・武家・御方御所・御臺御ナイリキリ下也、廣橋弁ヨリ狀アリ、

甘露寺家雜色中御門家へ下る

禁裏幕府よりないりきり下さる

一、掃部助下畢、　一、タウケン入道上也、

一、兵衛尉濱ヘ又罷宿畢、

一、御懺法講御樂共吹畢、

（7ウ）

一、夜サイ方少輔［　　　］」酒ヲ予ニ進之了、

十九日、天晴、

豐原統秋持秋來り御懺法講御樂習禮
持秋宗明樂竹林樂存知せず

一、今日統秋・持秋兩人來、則御懺法講御樂同樂也、宗明樂《只拍子》・万秋樂破・蘇合三帖・同急・白柱・輪臺青海破〔波〕・竹林樂・千秋樂也、宗明樂・竹林樂、持秋不存知間不吹了、

一、松本坊登山トテ暇乞白地來臨畢、

一、今夜モ兵衛餘所ヘ罷宿畢、

廿日、雨下、」

（8オ）

一、今日樂共フキ畢、

風呂
言國風氣

一、二位下山也、風呂張行、予・此方衆入畢、予此間風氣之間、一風呂入也、

廿一日、天晴、

一、今日京都ヨリ衛門二郎立歸下畢、

豐原統秋に樂の事を尋ぬ

一、統秋來、樂供同樂也、色〻相尋了、

一、此方ニテ統秋に夕飯アリ、

一、夜二位酒ヲ寄取（マヽ）畢、今夜モ兵衛他所へ宿欤、

廿二日、天晴、

（8ウ）

寄合て酒を取寄す

一、今日二位・兵衛尉・左衛門ナト寄合、酒ヲ取寄也、アチヤ來、一興〳〵、

一、坊宮内卿方ヨリ風呂興行トテ使アリ、予斟酌イラス、

千鶴丸

一、刑部卿・新宰相・千鶴丸白地來了、

詠歌口傳
和歌知規集
連歌雙紙

一、二位公詠歌口傳予書写也、・和歌▒知規集兩帖借用也、左衛門草庵主連歌双帋借畢、

一、可有御懺法講、御樂共フキ畢、」

（9オ）

廿三日、雨下、

一、今朝二位登山畢、

田樂

一、執当坊ニ夕飯アリテ罷出也、兵衛尉・左衛門・掃部・式部等罷了、田樂ウ阿ミ・藥師也、貳坊之事也、今夜モ兵衛餘所罷宿也、

樂吹奏

一、樂共フキ畢、

廿四日、雨下、

樂吹奏

一、今日樂共吹也、

一、永金來色々雑談畢、」

（9ウ）
廿五日、天晴、

樂吹奏
一、今日樂共フキ畢、

明日上洛の爲迎衆來る
一、京都ヨリ明日上ヘキ迎下也、衞門二郎・イホ下了、統秋白地に來了、

中御門宣胤より歌題送らるも取亂中により返す
一、中御門方ヨリ円明所ノ會トテ題二首雖被送、此方取乱間カヤシ了、

一、宮内卿方アチヤメシ酒ヲノマせ了、

一、坊へ白地に暇乞ニ參也、留寸也、

一、風呂ヲトメ入也、夜也、」

（10オ）
廿六日、天曇、

一、今日早朝ニ執当・刑部卿暇乞ニ來了、

上洛
鷺森越
山中にて酒興行
一、サキノモリコヘニ上也、予供兵衞尉・掃部・式部也、豊將監・永金子九郎上也、山中ニテ与サウ酒ヲ興行了、九過時分ニ陣屋へ上ツキ畢、

一、佐渡來物語了、

參内
豊原縁秋樂御稽古に祗候
勝仁親王に栗を獻上
一、聽而參内申也、縁秋御稽古に祗候也、予モ御前ニ祗候、御樂チヤウモン申也、縁秋退出後色々御物語在之、若宮御方參也、栗一ツヽミ宮御方へ進上、二宮御方ホウ□被參了、伏見殿へモ參了、」

後花園院七回聖忌につき足利義政安禪寺へ御燒香に參る
參會の公家衆
廣橋兼顯御沓役
言國御劍役
武家衆燒香以後曼陀羅供
元應寺沙汰七日間五種行あり
聽聞の間一獻あり
大典侍局御酌
足利義政御酌日野富子御座
御同道女房衆
日野富子供の局衆
曼陀羅供の後元應寺長老惠忍房義政御前に參る
廣橋兼顯と言國の服裝
義政還御の時言國手傘を取る

（10ウ）

廿七日、天晴、今年ハ舊院御七年也、▒ソノ御佛事共也、

一、今日安禪寺殿へ室町殿御燒香御ナリアリ、予御供也、五時分に安禪寺殿へ參、

一、武家五過時分に御ナリアリ、參會之衆、勸修寺大納言・廣橋大納言・源大納言・按察・藤宰相・民部卿遲參・日野侍從(烏丸政資)也、各直垂也、頭弁御供也、御クツノヤク、同御カウハコ也、予御劍也、ホウイ一人參、武家衆、畠山又二郎・アわチ・イツ・伊勢也、御燒香以後、

（11オ）

聽而万陀羅句(供)ハシマル也、ケンホシノ(惠忍房)ヲ」サタ也、此間七日五集經(種行)アリト云々、マンタラク御チヤウモンノ間、インコンアリ、三コンメニ大典侍局御シヤク也、男衆各メシタシ、町祇候也、度々メシタシアリ、七(五)コンメニ武家御シヤク也、御臺モ御座也、武家以前に御ナリアリ、安禪寺トウタウ、東トウ院殿(大炊御門信子)准后・眞乘寺殿・曇花院(芳威元揉)・舊院上﨟、御臺御供權大納言局・町局被參也、夜ニ入四(五)時分マテ大御酒アリ、マンタラク以後、ケンオウシノチヤウラウ御前へ被參也、儀法ナトヲヨマレ了、オテシノ僧モ被召出被付也、平家□」

（11ウ）

各御テンシン・コン共アリ、如御前云々、メシタ□」武家御供四人、畠山又二郎・アハチ・□・伊勢參畏入候由申、各千疋ヲ御折帋共□進上云々、頭弁狩衣、予衣冠也、四過時分にクわンキヨ也、雨降間、予手カサヲ取也、頭弁同之、各參會也、

廿八日、雨下、晩晴、

極﨟山科家に來り大澤久守と裝束の事を談合す
伏見宮家祗候
勝仁親王へ蜜柑枝を進す
後土御門天皇に昨日法會の事を尋ねらる
豊原縁秋召により禁裏祗候
御所へ祗候
御樂稽古聽聞
御ないりきり祗候人數
天酌

一、今日朝飯・中酒ヲ統秋興行畢、

一、極﨟來、裝束事共色〻大澤談合了、」

(12オ)

一、御懺法樂共統秋同樂畢、

一、暮程に伏見殿へ參、御雜談申入也、梶井殿以予、宮御方へミカンノ枝被進也、御方へ御所樣御出アリ、予ニ昨日之御寺樣御尋アリ、夜退出也、

一、佐渡來、御物語移剋、石崎來コヲウツ也、

廿九日、天晴、

一、今日朝飯・中酒アリテ、佐渡飯此方へ持也、

一、縁秋來、樂フキ畢、□所へ罷了、縁秋御所へメサレ參也、予袍□、」

(12ウ)

一、晩影に御所へ祗候申、御稽古聽聞□、則御イノコマテ祗候也、夜□入御ナイリキリニ祗候、人數、新大納言・源大納言・按察・兵部卿(松木宗綱)・右宰相中將・実隆朝臣・予・俊量朝臣・元長・以量・橘富(マヽ)仲、民部卿武家へ參間遲參云〻、テンシヤクメシ如常、同御ナイリキリ祝着、二宮御方同被下也、若宮御方ノハ御ツマトノ口ヨリ被出也、以後伏見殿へ參御ナイリキリ御酒被下了、

一、武家へハ不具間不參、頭弁申入了、

退出

一、予退出也、四辻・兵部卿・平松(資冬)・綾少路(俊量)陣屋へ樂ヲシに來臨之處、禁裏御キ□」

西坊城顯長番代に參内

豐原縁秋樂御稽古に參内

後土御門天皇言國所持の糸巻笙を御覽

近比の器物

禁裏朔日祝に祗候の人々

勝仁親王御不例

半井明茂診察

(13オ)

# 十一月

一日、天晴、

一、今日ヨリ三日西坊(顯長)成(城)番代ニ參了、

一、祝着如恒、目出〱、統秋(豐原)此方事也、

一、縁秋(豐原)御稽古ニ參也、予陣屋ニテコシラヘ參也、予申ツキ也、万秋樂破也、予所持糸巻御覽アリタキ由被仰間、御目にカクルナリ、被遊御たんアリ、近比器物由被仰、夜ニ入縁秋退出也、予殿上ニテ酒□ノマせ了、」

(13ウ)

一、御祝ニシコウカタ〱、四辻(季經)番也・源大納言(庭田雅行)・按察(甘露寺親長)・民部卿(白川忠富)・右宰相中將(正親町公兼)・実隆朝臣(三條西)・予・俊量(綾小路)朝臣・□□(元長カ)・以量(薄)等也、メシタシ如常、

一、若宮(勝仁親王)御方俄ニ御風氣也、半井(明茂)參御ミヤクヲ取也、驗而御藥進上云々、

一、伏見殿(邦高親王)・御局〱へ御礼申入了、暮程日野へ參罷了、對面也、

一、北小路殿(日野苗子)ヨリ昨日參礼ニ御使アリ、
一、景兼礼ニ來也、

禁裏御樂笛合せ

一、夜御樂笛ニ御アハセアリ、綾少路參、予モ仕也、蘇合急・輪臺青海波・千秋樂也、」(14オ)

二日、天晴、

頼母子

一、今日陣屋ニテタノモシアリト云々、

勝仁親王御不例減ず

一、若宮御方御風氣御▒減也、半井御ミヤクニ參也、

大典侍局御酒興行
滋野井教國除服宣下の禮に參る

一、御方ニテ太典侍局(大、下同ジ)酒ヲ興行也、四辻・廣橋(綱光)・源大納言・予也、滋野井(教國)チヨフクセンケナサル御礼ニ參、是モ御方へ參也、
一、予御使ニテ梶井殿(堯胤法親王)被申也、則御樂懺法被遊也、予モ▒祗候也、八時分マテ□、予ニ又万秋樂破色々御不審ナリ、

甘露寺親長廣橋綱光御懺法事を奏聞

一、甘露寺・廣橋參、御懺法事奏聞也、」(14ウ)

三日、天晴、

般若心經讀誦

一、今日毎月心經在之、予百五十卷也、
一、御前ニテ予ニ物ヲスコクサセラレ了、

邦高親王參內

一、伏見殿參御物語申入了、

綾小路俊量笛事に參內女中田樂を興行

日野家にて朝飯會あり參加の人々

碁將棊雙六の遊びあり

酒宴中公家各青侍を召出す

資益王山科家を訪ひ言國と色々物語す

言國後土御門天皇に召さる

御懺法散花樣御尋ねあり

言國所持の鳳凰笙を召さる

勝仁親王御箏を遊ばさる

一、夜ニ入、就笛事綾小路參也、予・以量メサレ御物語アリ、女中田樂ヲ興行也、梶井殿御參、懺法被遊也、御酒アリ、」

四日、天晴、

（15オ）一、今日日野ニ朝飯アリテ各罷出也、予柳一荷・二色持參也、罷人〻、傳(轉)法(輪脫カ)三条・中院(通秀)・花山(政長)・菊第(公興)・武者少路(緣光)・廣橋・甘露寺・薗(基有)同□・勘解由少(小、下同ジ)路(宗綱)・松木・滋野井(公敦)・伯二位(資益王)・正親町(公兼)・冷泉中將(政爲)・高辻・予・右中弁(勸修寺政顯)・薄(以量)・中山(宣親)・唐橋藏人(在數)等也、飯以後、コ・シヤウキ・シユコ六アリ、其後コンアリ、大酒也、二コンメニ各青侍共□シタシアリ、予メシタス共、兵衞(大澤重致)三ハンメニ」（15ウ）被召出也、此トヲリ中者共メシタシ也、三コンメ亭主シヤク也、夜ニ入マテ大酒也、

五日、天晴、

一、今朝極﨟來也、物語アリ、

一、兵衞用事アリテ坂本へ下了、

一、伯二位來臨也、色〻物語了、

（16オ）一、晩影ニ禁裏ヨリ被召也、軈而祗候仕也、」今度御懺法散花樣共御尋アリ、予器物ヲ可寄召之由被仰也、軈而メシヨスル也、鳳凰也、若宮御方御箏被遊、予ニ御供可仕候由アリ、

萬秋樂御不審事尋ねらるも言國失念の由を申入る

女中田樂を興行

昔物語

蘇合急・越殿樂・青海波御供申也、盤渉調〻子千秋樂ナトヲ予ニ被吹キコシメス也、万秋樂破御不審事共御尋アリ、御失念所共申入也、宗明樂被遊キカセラレ了、女中田樂ヲ又興行也、其マ、祗候由被仰間御前事也、梶井宮御參アリ、御下スカタ也、大藏卿・以量祗候也、九時分マテ色〻御物語申入也、各昔物語ナト也、一興〱、

播磨國揖保庄より彌六上洛年貢

（16ウ）
一、弥六播磨イホヨリ上也、カレイノスシ桶上、年クイサ、欤、」

六日、天晴、

禁裏へ鮎鮨を獻上

一、今朝禁裏アユノスシ一折敷進上申也、

一、大澤・廣橋・民部卿所（一折敷ツヽ）へモ遣候也、賀州方へ一桶遣云〻、庭田へモ遣之、

御懺法講樂稽古に吹奏

拍子

一、可有御懺法樂共フク也、採桑老下リ（虫）下下下リ下奏、如此下ノ拍子ヲ縁秋予ニ申也、尤也、以前予オホユルハアシキ也、」

（17オ）
一、縁秋陣屋ニテ着装束、御稽古參了、

召により參內

安禪寺殿田樂興行

伏見宮邦高親王梶井門跡堯胤法親王參內御物語あり

一、晩影、禁裏ヨリ被召也、聽而祗候、安禪寺殿田樂ヲ御興行其タメ也、伏見殿モ御參也、夜ニ入梶井宮御參、色〻御物語在之、滋野井モメサレ祗候也、梶井殿へモ御酒被參也、源大納言モ祗候也、九過時分マテ予祗候、御物語申入了、各モ同之、

日野富子より去年御懺法講所作人を尋ねらる

一、今日以廣橋予ニ御臺（日野富子）ヨリ去年ノ御懺法所作人事御尋アリ、

日野富子去年御懺法講所作人に錢を給ふ

一、去年御懺法所作人各散花役マテ御臺ヨリ三百疋ツ、被下也、散花ニハ二百云〻、夜各御礼ニ參也、中院・四辻・薗・伯二位・」予・綾少路・薄・吉田藏人等參也、以廣橋申入了、

去年失念

去年可被下候處、御失念之由候也、

(17ウ)

一、日野ヨリ使アリ、一昨日罷礼候也、

七日、天晴、

内侍所御料闕事につき長橋局に女房奉書を申出づ

一、今朝就闕事予長橋局へ參、又重而御文申出也、度〻御文雖被出、無一道間御文事被出マシキナレ共、予事▒《申ツイテ》間被出由被仰也、畏入了、如此云〻、

後土御門天皇女房奉書案

度々仰せらると雖も一道もなし

この闕は他に混ずべからず

(18オ)

ないし所せきの事、たひ〳〵申され候へとも一みちも候ハす候、としとも候ハん」にんしかたく候よし申候、さやうに□□御ことかけ候へく候、よにハこんしましき事にて候へハ、かたくおほせつけられ候へく候よし、かさねてむろまちとのへ御心え候て、よく申され候へく候と申とて候、かしく、

ひろハし大納言とのへ

女房奉書を武家傳奏廣橋綱光に届く

廣橋兼顯對面

一、軈而此御文予廣橋所へ持罷也、心得由被申也、弁對面也、雜談了、

一、弥六下了、兵衛上了、

一、廣橋殿上間罷向《也》、闕事尋申也、色〻物語了、

」

言國自邸にて樂御會を催さんとするも甘露寺家にての興行に招かる
參加人數
笙
笛
箏
大鼓
禁裏御服御直衣を長橋局に見參に入る
入江殿松木宗綱所にて管奏あり
山井景兼吹破る
禁裏の召により祗候す
高倉永繼家樂御會興行あり
演奏樂目録
樂以後粥あり

(18ウ)一、今夜於陣屋樂スヘキ心中ニテ、緣秋・景兼(山井)メシ則來也、伯二位・綾少路モ來臨候處、自甘露寺(元長)弁樂興行スヘキ也、予ニ可來候由使アリ、此方ノヲ略シ罷ヘキ由申也、則伯二位・綾少路・予・緣秋・景兼同道罷出了、人數、中院・四辻・同左相中將(宰)・松木・伯二位・綾少路等ナリ、笙中院・松木・伯二位・予、笛綾少路・左少弁(甘露寺元長)・景兼、箏四辻・同宰相中將、大コ景益ナリ、樂アハイニ儀法アリ、四辻・按察(萬里小路春房)・樂邦等也、宗明樂・採桑老只拍子・万秋樂破・蘇合三帖▒▒・同急中院被殘之・白柱同・輪臺青海波松木被殘之」(19オ)竹林樂・千秋樂、白柱中院雖被殘、事外□□(ソン)スル也、又樂以後白柱ヲ所望被殘也、□もヨクモナシ、以後酒アリ、

八日、天晴、御服御直衣御アヤヲリ出也、長橋ノ局にミセマイラせ了、

一、今日入江殿松木所にカンソウアリテ罷也、中院・四辻・薗・同御方・松木・四辻宰相中將・予・綾少路・平松・緣秋・景兼・景益・秀(季カ)繼也、中院蘇合急・白柱被殘也、松木青海波也、同景兼吹破也、コウシヤトイヘ共如此大事云々、

一、自　禁裏メサレシコウス、御樂被遊也、調子」(19ウ)宗明樂・万秋樂破被遊了、夜ニ入罷歸了退出、

一、藤宰相(高倉永繼)於陣屋樂興行也、予・四辻宰相・樂林・左少弁・綾少路同道罷也、松木モ被出、緣秋以前衆各罷出、蘇合三帖・同急・万秋樂破・採桑老・白柱・輪臺青海破(波)・竹林樂・越殿樂・千秋樂等也、松木蘇合急・越殿樂被殘、予青海波、緣秋千秋樂殘也、樂以後

將棊と碁あり
高倉家に宿泊
足利義政御服の事につき小川重有を坂本に下す
日野富子內密に參內
伏見宮梶井門跡等も御座
豐原緣秋に平調調子の事を尋ぬ
幕府奉行人飯尾爲信に目安を送る
園基富管奏始
鯛吸物にて酒あり
御儀法樂

カユアリ、シヤウキ・コアリ、酒アリ、以後松木・樂林（綾小路有俊）・左宰相中將・綾少路被歸了、
薗少將・樂邦・左少弁・東坊成（城）・予・景益宿也、予又女中ニテモ酒アリ、」

九日、天晴、

（20オ）
一、今朝藤宰相ヨリ歸了、
一、掃部坂本へ下也、御服下申了、
一、朝飯中酒アリテ俊藏主來了、
一、弥四郎來、此方ニテ夕飯ヲクイ了、
一、暮程ニヨリ御方へ參アソヒマイラス也、御酒被下也、御所ヘハ御臺內〻御參ニテ御酒アリト云〻、伏見殿・梶井宮・安禪寺殿モ御座候云〻、
一、今日緣秋來、平調〻子ノ不審事相尋了、万歲樂同參了、
（20ウ）
一、加賀○《サツシヤウヲメシ》中間、□法寺事メヤス《カナ》ニサタシ、加賀」守方へ遣了、予書とらせ（マヽ）

十日、天晴、

一、今日薗少將カンソウハシメニテ、各亭へ罷也、中院・四辻・松木・四辻宰相中將・予・左少弁同道罷也、予柳カタ〳〵持罷、祝言計也、先平調樂三、三臺急・五常樂急・太平樂急、カンソウ始間同之、此樂以後、先サカ月參也、スイ《タイ》物ニテ酒アリ、次可有御儀法

湯漬にて酒あり
朗詠
付物
山井景益太平樂を吹奏
言國の所作殊の外によし
見物衆あり
足利義政御服坂本より上る

(21オ)

樂アリ、宗明樂・万秋樂破・蘇合三帖・同急中院被殘、樂ソンスル也、笛左少弁、ヒチリキ平松、ヒハ薗也、
白杜松木被殘、笛景康也、ヒチリキ同之、輪臺青海波予殘也、ヒハ少將也、笛景兼、」ヒチリキ同之、千秋樂
等也、採桑老・竹林樂略也、笙中院・松木・予・緣秋朝臣、笛左少弁・景康朝臣・景兼
也、ヒチリキ平松・季繼、コト四辻・同宰相中將、ヒハ亭主・同少將、大コ景益ナリ、○等也、次サカ月參、
先ユツケニテ酒アリ、次サカナ《スイ物鳥》ニテ也、町・冷泉御方・薄チヤウモンナカラシヤウハン
ナリ、大酒成也、越殿樂・青海波ナト、又樂アリ、ラウヱイアリ、付物有之、壹越調ニ
調子ヲナシ、陵王破・青海《カタシ物》波アリ、地下計吹之也、又平調々子ヲナシ、太平樂急ヲ景益
吹出也、予計付之、平松・秀繼(マヽ)等吹也、予ショサ事外ニ各ホウヒ也、又景益三臺急又吹

(21ウ)

出、予松木ニ申同被吹也、近比也、又松木」予ニサヽル、也、景益鷄徳ヲ吹出、予又吹也、
又予松木ニサス、老君子ヲ被吹了、面白〱、ヒハ少將也、夜ニ入各被歸也、予松木・
平松ニ同道罷歸也、色々ホンホ《ソ》ウ也、カイ《ハ》ラケノ物共ナリ、少々ホウコウノ者モアリ、
事外ナル見物衆也、
一、掃部坂本ヨリ上也、武家御服出來也、
十一日、天晴、
一、今日兵衞ヲ使ニテ武家御直衣藤宰相方へ」

月例念佛會

下姿にて參内御脇息を披露

白牛見物武家御車に懸く

豊原統秋に太子丸笙を吹奏せしむ

室町第焼亡

脇の酒屋より出火

言國重代の糸巻の笛を懐中し御所へ馳參

御器物共を取出す

三寶院宿舍に火懸る

風吹く

言國尊敦親王御劍を持つ

後土御門天皇勝仁親王尊敦親王と小川御所へ出御

○以下十二日ノ記事マデ數紙ヲ缺ク、第二十二紙ハ挿入白紙、

（23オ）

廿《十》三日、天晴、

一、今日毎月念仏在之、

一、下スカタニテ御所へ參、御キヨウソクノ事披露也、先陣屋へ御タイクハン□ヲ□申ツクル子細在之、

一、白牛ヲ御ウシカイヒキテ參□リ、廣橋各庭上ニテ見物也、□次武家御車ニカケサセ御門ニテ各見□、

一、夜ニ入、統秋に太子丸ニテ樂吹カせ長□□（門カ）キ、了、万歳樂ノ樂拍子ヲ吹也、

（23ウ）

一、夜四時分ニソウ門ノワキノサカヤヨリ火」イタシヤケアカル也、予カフリ直衣□クシ、先重代ノ糸巻器クハイ中シ、同キ□ノフクロヲ懐中シ、廳而御所へハせ參□、ハヤステニ御近所マテヤクル也、予嚴前□先御器物共ヲ申、少々シンカノ輩ニ持也、□一巻懐中ストイヘ共、旅祢ヲ又クわイチウスル也、御カラヒツヲ一合、予者にモタスヘキ物由被仰下也、廳而長門守申付也、ハヤ三宝院ナトへ火カヽリ、風以外にわロク吹アカリ申比也、近身（臣）・トサマ各ハせ參也、予ニ宮御釼《ヲトリテ》ヲ持、予持ウチ刀ヲ、兵衞ヲメシ遣也、ハヤ火急ニナル間、武家（小川御所）十二間へ宮御方・同ニ宮、御所様御出アリ、同シンシ・

神璽寶劍を奉ず
大典侍局神璽持つ事憚かる

三條西實隆劍璽を御車に入る
正親町公兼と言國內侍所に供奉す
言國公兼と佩刀の故實を談ず
内侍所兩人にて舁出し官務駕輿丁に渡す
北小路第へ移御
幄舍の造營進捗せず
公家大工に武家大工も加はり幄舍を建つ

勝仁親王庭田雅行抱き奉る

ホウケンモタせラル丶也、上﨟ホウケンヲ被持也、大典侍局御手ナシノ間、シンシヲ持
事ハ、カリノ由アリ、予申云カヤ」　」

○コノ間數紙ヲ缺クカ、第二十四紙ハ插入白紙、第二十五・六紙ハ補寫ナリ、

（25オ）
（以下、十四日條ニ係ルカ）
間、武家ノヲ依申借下サル丶也、則是ハク也、御車ヲヨセ、則出御ナリ、頭中將実隆朝
劔シ（臣脱カ）ヲ御車へ入也、次シユシヤウ、大典侍・勾当御車ニ被參也、正親町宰相中將・予ハ
内侍所ノクフニ參也、予ヒラサヤヲカクノ下ニヲヒトリヲナシハク也、正親町予ニ申云、
前官ノ時カクノ下へヲヒトリナス也、当官ノ時ハカクノウへ丶ナス由被申、乍去予家説
欤由也、予カセツニテモナキ間、聽而ハキナヲス也、面白事也、則内侍所ヲ予兩人カキ
出マイラス也、クハンムナトカヨチヨウニカキワタス也、予直衣ニテヒラサヤヲハク也、
各衣冠也、則北御所へ行幸也、アクノ屋雖被申付、シユリシキ所ヤクル間、遲々也、其

（25ウ）
間各ソンキヨスル也、御門南ノ方ニカキ待マイ（ラ脱カ）」スル也、御タイクニ武家御タイクアイマ
シハリ、則アクノ屋ヲ南方ニタテ了、内侍所トキヨノ御アトニ兩傳奏被參了、次若宮御
方・伏見殿女中等又御車ニテ御出アリ、御門方ニ内侍所御座由、小門へ御車ヲヨセラル
丶也、宮御方源大納言タイキマイラせイレマイラスル也、小門へ御車不入故也、若宮御
供ニ大澤參也、依仰云々、御劔被借下御礼ニ廣橋同道小門前へ參也、又予ニ御酒被下也、

祇候輩に朝供御日野富子より賜物あり

言國忠節を賞せらる

勝仁親王を伏見宮家に奉ず

禁裏御器物を返進す

御記重寶悉く燒失す

有名無名の樂器多く燒失す

樂器の名

近所本庄三郎衛門陣屋へ罷る

苦労トテ人々イタサル、也、祝着了、又廣橋・同頭弁・予同道北御所へ歸參也、予先夜モタスル御記被參也、御記ノ入ヒツアフル、間、御記共ワクロ《リコ》ニ入、御前ニ持參、神妙之由」被仰下也、各祇候ノ人數ニ朝供御々臺ヨリ被仰付被下也、予計御前ニ而御酒被下也、夜前色々チウセツノ由也、北コウチ殿サタニテ又インコンアリ、則被參、三コンナリ、左少弁・予兩人に若宮御方伏見殿へ被參也、近身各メシタ〔シ脱カ〕在之、

（26オ）

一、藤宰相若王寺陣屋ニ也、其ヨリ使アル間罷也、供長門守・同兵衛・統秋・掃部等也、飯アリ、置預　禁裏御器物取、則返進候也、喜思食由也、

一、御記共其外色々重宝共コト〳〵クヤケ了、

一、所々ヨリ各ハセ參也、御使ヲ進もアリ、參モアル也、山ト少々執当罷上也、暮程也、式部モ上也、

一、安禪寺殿・眞乘寺殿・曇花院殿御參也、」

（26ウ）

一、御笙秋風、カケヒカウフエ、笛柯亭、シヤカヤシ神樂笛キリ〳〵ス、御箏鬼丸ラクヤウヤクル也、此外無名ヲ、シ、

十五日、天晴、各晝夜祇候也、

一、今日御近所ホンシヤウ三郎衛門陣屋へ罷、シタ、メ取寄コシラへ參也、執当アルニヨン

テナリ、

一、廳而御所へ參也、ゐ中方〻ヨリ人共參了、

一、方〻ヨリ御タル以下參也、

日野富子昨日より三日間の食事沙汰す

一、朝飯・夕飯昨日ヨリ三日御臺ヨリ被仰付云〻、各也、

一、各御酒被下了、　一、中《予方へ》務少輔上了、

各火事見舞に來る

一、各キ、ツタへ雖被上、餘ニヲホキ間不及記者也、

一、夕飯ニ大澤宿出候了、予サウシキ所也、

一、御サウサク事共、廣橋・勸修寺被申付候、少〻在之、」

（27オ）（異筆）『右三枚脱丁之所、件二枚正記柳原大納言紀光卿所持之間、借乞于彼卿、以正記令摸写之了、』

○第二十七紙ウラ、記事ナシ、

（28オ）一、予ウケタマハリ、小笙シタヲツル間、統秋ニツケ□了、

十六日、天晴、

一、今日朝飯如昨日在之、予今朝モ御所ア□、

日野富子御參一獻沙汰

一、九時分ニ御臺御參也、柳三カ・御カハラケノ物被持也、インコンモ御サタ也、各近身〔臣〕・

トサマ祇候人數ニ御テンシン在之、サンコンメニ御臺御シヤクニテメシタシアリ、予モ參也、連キ被參了、女中ニテ御酒アリ、

禁裏御造作あり

一、御サウサク在之、ミナミノ御所御參、柳・御折被持也、

轉法輪三條公敦祇候

一、内府祇候也、夜ニ入御物語申入ラレ了、

近衞將の巻纓

一、羽林カシハ、サミヲナヲシケンヱイニナシ了、

近臣外様の番を置く

一、近身・トサマノ番ソヘラル、也、近三番ナル也、小サ□〔トカ〕五番ナルナリ、

十七日、天晴、」

御所に祇候

（28ウ）一、今日御所ニ祇候也、近所ニ宿アリ、罷出シタ、メスル也、

一、夜ニ入伏見殿院チヤ所へ先御出アリ、

一、方〻ヨリ御タルナト參候也、

内侍所を建つ

一、御門ノ北方ニ内侍所可立也、タイ所ニ北ノソウシヤ所ノ前ニタツヘキ也、カナイ殿小門ノ南方也、御タイ共參コシラヘ了、

日野苗子酒饌を獻ず

一、夜ニ入、北小路柳二荷・御カハラケノ物五色被進也、則御酒アリ・同被參也、内府祇候也、御前ニテ伏見殿トツコヲ被參、以後御酒アリ、

宿直

一、此間夜ハ御トノイニ御庭向ノ御チヤノイ所祇候也、近身輩也、

東洞院殿酒饌を獻ず
御倉より御禮服出す
御卽位方御記を取置く
大典侍局御點心を各に給ふ
足利義政酒饌を獻ず
番衆にもあり
細川成之硯文臺及び屏風を獻上
當番
御造作あり
御懺法講大原にて行はれるべし
應永十九年の例

一、東トウ院(准后(大炊御門信子))御參也、柳二荷・御カハラケ物ナト也、御シヤクニテメシタシアリ、
一、御礼服ミクラヨリ出參也、民部卿・予兩人カ□、
十八日、雨下、御卽位方御記三合在之、夜ニ入トリヲキ了、」
(29オ)
一、今日モ祗候也、大典侍局御テンシンヲ各ニタフ也、
一、供御モ御前ニ各アリ、伏見殿ヨリ欤、
一、五条予番代分也、
一、武家ヨリ柳五荷・御折十合・ヒフツ二色被進、番衆ニモ御酒被出也、御酒共在之、
一、夜御前ニテ御物語各申入了、
一、シヨウケイニ參也、サンシ(細川成之)ヨ《ユ》ウヨリ御硯・文臺・御屏風一サウ　禁裏へ進上云々、シヨウケイ心得様ニテ進上也、シヨウイ御シヤクニ參、予申ツキ、サンシユウ御文被出、当所廣橋へ也、シヨウケイニ御酒被下了、
十九日、天晴、
一、今日当番也、
一、予・各ニ御酒被下也、　一、御サウサク共在之、
一、御懺法大原ニテ可被行也、應永十九年ノ御レイナリ、」

（29ウ）一、此間方々ヨリ就火事各被上了、

一、左衞門上洛來了、

廿日、天晴、

一、今日ハヒハンニテ宿事也、

禁裏御服等調製成る

一、御服坂本ヨリ出來也、伏見殿御直衣モハリイタシ上也、則被參也、御服・御直衣長門守モタセ參了、

樂人衆來る

一、左衞門下了、　一、緣秋・眞《慶》秋・景兼・季繼來也、

御造作

廿一日、天晴、御サウサク在之、

一、今日爲親朝臣番代ニ祇候也、

尊敦親王御深曾木及び御着袴の儀行はせらる常御所にて御祝あり

一、今夜二宮御方御フカソキ・御ハカマキ也、先御フカソキ、若宮御方御サタ也、次御服ヲ源大納言メ」（30オ）サセラル、也、次御前之物參、次六本立參了、次常御所ニテ御祝アリ、番衆所ニ祇候人數ニ、各ニ御テンシンアリ、御酒被出也、三コンメニ伏見殿御シヤクニテメシタシアリ、北少路殿モ被出了、

一、御祝以前ニ伏見殿御參也、

御器物松風を豊原緣秋に直さしむ

一、緣秋ヲメシ、予松風御器物シタノヲヲツル所ヲ共、予ウケタマハリナヲサセ了、慶秋參也、

御樂譜書寫の料紙を披露す

緣秋御樂譜カ、せラルヘキ御料帋の事、予披露了、色々申付了、

廿二日、天晴、

奏聞の事

一、今日当番也、以予廣橋・甘露寺奏聞也、御懺法大原ニテノ事、地下樂人參仕事也、同ソウヨウ事、

一、安禪寺殿・眞乘寺殿御參ナリ了、

近衛將共緌を解く
關白解陣の事を尋ぬ

（30ウ）一、羽林共ヱイヲトク也、關白ケチンハ陣ナキノ間、如何由相尋被申也、無御覺悟由也、予」トキ了、其夜計ニテ聽而トクヘキヲ羽林失念欤由、各被申也、乍去乱中トイヽ、羽林覺悟モ在之、

廿三日、雨下、

飛鳥井邸にて朝食會あり
參加の輩

一、今日飛鳥井陣屋ニ朝飯アリテ罷出ナリ、廣橋・勸修寺・同弁・源大納言・滋野井・民部卿・三条西・三条・予也、廣橋・源大納言・予同道罷歸也、

一、夕飯汁宿ニアリテ、弥四郎・サト來了、

後土御門天皇
豐原統秋に御
樂譜を所望

（31オ）一、禁裏統秋ニ樂譜御所望アリタキ由被仰也、予則坂本ヘ狀下申也、今度火事ニウせ《シ》ナハル」ヽ間也、

廿四日、天晴、

一、今日朝飯汁予宿ニテ興行也、源大納言・民部卿來臨也、サト・弥四郎來也、寄合興行了、

高倉永繼言國に樂譜所望

一、藤宰相宿罷出也、予ニ樂譜ヲ一部所望也、ラウツキ、ヤキカネ、ラウヲ予ニタハレ了、テンシンテ酒ヲ予ニ被進了、

豊原統秋獻上の樂譜持上る兼秋抄なれど豊兼抄と銘あり

一、統秋上洛來也、禁裏被仰樂譜一部持上、重代ノ由申、景益來了、彼譜兼秋抄也、豊兼抄トメイアリ、」

（31ウ）

廿五日、天晴、

統秋獻上の樂譜を持參る

一、今日当番也、參了、統秋進上譜予持參也、

一、各地ハナヒラキラせラレ了、

造作進む

一、御サウサク大カイ、テキ了、タイ所ハ出來也、則供御サタ了、

日野富子御參

一、御臺ヨリ柳二荷・ヒフツ參了、

一、廣橋・勸修寺參、色々御所樣談合了、女中ニテ御酒アリ、廣橋・勸修寺被下也、源大納言・サンシユソ〔ウカ〕ナト也、予後御酒給也、

元應寺惠忍房御參

一、元應寺被參、予申ツキ也、御對面在之、今度就火事也、

（32オ）

一、暮程ニ廣橋・勸修寺・源大納言ニ柳二カツヽ・御折三カツ、被下也、御礼ニ參云々、廣橋・勸修寺」一荷ツヽ・御折二カウツ、禁裏ヘ進上了、源大納言カタ〳〵御折一合被進了、

足利義政花びら餅獻上打亂箱に入る

一、以廣橋自武家御ハナヒラ百マイ御進上也、ウチミタレノハコ入也、梅一ツ進上也、

一、御前へ民部卿・予ヲメシ、御ハナヒラ拜見サセラル、也、近頃ノ見事也、

高倉永繼樂器修理を統秋に依頼

一、今朝眞秋來也、統秋藤宰相器物ナヲサせ了、統秋・眞秋坂本へ下也、是も大原下へキ也、

廿六日、雨下、

一、今日ヒハンニテ宿事也、

一、幕程ヨリ夜ニ佐渡來、物語了、

地下樂人共大原へ下向

一、緣秋來也、今日各地下樂人大原へ下云々、」

(32オ)

廿七日、天晴、

大原にて法華懺法講あり

一、今日大原ニテ御懺法在之、僧衆十人也、地下樂、緣秋・慶秋・眞秋・景兼・景益・豐原統秋・季繼等昨日下云々、

本庄三郎衛門來る

一、ホンシヤウ三郎衛門來、酒アリ、スコク雜談了、

一、左衛門少輔坂本ヨリ上了、

一、掃部里へ罷也、入道歡樂大事云々、

廿八日、天晴、雨下、」

(33オ)

一、今日当番也、晝夜祗候了、ヲキ物御ヒアフキ持參、

禁裏風呂あり言國御湯殿に召さるも不參

日野富子風呂に入り次いで參內して酒饌を獻す

祇候近臣に御酒賜ふ

御前に召され碁を打たせらる

西陣

樂人共御禮に參る

青侍を集め鬮にて物を配る

內侍所渡御次將三條西實隆

卜部兼致御參

祇候輩御庭に蹲居

一、御風呂アリテ、若宮御方・伏見殿御入アリ、予御ユトノニ可參之由也、旁故障申不入、民部卿・世尊寺・綾少路入了、

一、御臺御風呂御入アリ、以後御參アリ、御酒アリ、柳二荷・カン一・サケ二・スシ五被參了、

一、御スヘニテ祇候ノ近身ニ御酒被下了、

一、御前ヘメサレ祇候也、予・俊量朝臣・滋野井參、予・俊量朝臣兩人ニコヲウタセラル、也、予勝也、御酒被下也、又御チ人シヤクニテ御酒タフ也、御チ人西陣ヨリ被歸、其御ミヤニ柳一荷・二色被□了、スコク御物語申入了、

□無爲ニアリテ、緣秋・慶秋・眞秋・景兼・景益・□・季繼・景俊御礼ニ參了、統秋・眞秋兩人」□下云々、

(33ウ)

廿九日、天晴、

一、今日此方ニテ各青侍共來、ハイタウノ物クシニシトリ了、

一、晩影ニ御所へ參也、今夜内侍所借殿所ヨリ渡御之間也、夜五時分ニ渡御也、次將頭中將実隆朝臣ヨウヲもツクラス也、タイケンニテモナシ、兩說歟、卜部兼致參、以量兩人シテカキ出シマイラスル也、祇候輩各御庭ニソンキヨスル也、」

渡御以後各に御酒を賜ふ

御所より召あり

飛鳥井入道祗候

三條西實隆の代りに番を勤む

近臣御番組替

（34オ）

一、女中ニテ御酒被下也、北少路殿被參了、

一、內侍所渡御以後カン、內侍シヤクニテ各ニ目出トテ御酒給也、兩傳奏其外各也、今夜ハ予祗候申了、御前ニテ御物語申入了、

卅日、天晴、

一、今日兵衞・少輔坂本へ下了、

一、晩影ニ御所ヨリ四辻方ヨリ可參由使アリ、

□リ番衆中へ柳五荷・御折色〻被出□番衆所ニテ各祝着也、□□

□侍共コハツカリ共ニ酒ヲノマセ了、」

（34ウ）

□火事、飛鳥井入道參也、予申ツキ□依下姿ニ無御對面云〻、

一、今夜実隆朝臣番代ニ祗候也、御前ニスコク祗候也、元長・予兩人御物語申入也、

一、近身御番又ヲリナヲサセラル、也、」

（35オ）

# 十二月

一日、天晴、

當番祇候

一、今日祝着如恒、目出度〳〵、当番ニテ祇候也、

一、御前ニテ滋野井(教國)・予兩人御ホク石ヲツクラセラレ了、暮程ニ宿ヘシタ、メニ出也、則歸參了、

禁裏番衆所に酒を賜ふ

一、番衆所ヘテン酒出也、夜ニ入テ也、近身(臣、下同ジ)・外樣アヒマシハリ祝着了、

禁裏朔日祝
天酌
南向御庇より參ず
祇候衆

一、如例御祝メシタシアリ、テンシヤク也、南向御ヒサシヨリ各參也、シキシノ間ニ御座也、祇候衆、四辻新大納言(季春)・□□(源　大カ)納言・按察使(甘露寺親長)・兵部卿(松木宗綱)・滋野井宰相中將・民部卿(白川忠富)・□・実隆朝臣(三條西)・予也、

□祝以後御宿ヘクワン御ナリ了、

(35ウ)

□御方ヘ御礼ニ予申入也、御見參也、

文字書かせらる

□宮御方・源大納言(庭田雅行)・兵部卿・滋野井・実隆朝臣□文字書サセラレ□ん也、四五ト在之、ヒキマイニテ也、

二日、天晴、

御所へ朝飯を取寄す

一、今日朝飯ヲ御所ヘ取寄也、源大納言・滋野井・予シヤウハン也、中酒在之、

一、御前ニテ滋野井・予兩人御ホク石ツクルナリ、

甘露寺親長般若心經供養の事奏聞す

妙蓮寺日應酒饌及び茶碗を獻ず

廷臣に酒を賜ふ

山科家靑侍等寄合田樂興行

一、按察參、心經供養事奏聞也、着座公卿、御布施取殿上人、僧衆、御點ナトノ事也、來廿七日舊院御七□キ也、

一、（庭田ヲト、）妙蓮寺被參、柳三荷・御折進上也、御チヤハン十五被進、神妙由也、彼御チ〔ヤ脱〕ハン女中以下ニ給也、

〔一、御カ〕□□前〔局〕ニテ按察・滋野井・民部卿・四辻宰相中將・予□色〻ニテ御酒被下了、

一、女中ニテ妙蓮寺・西御庵御酒アリ、源大納言・滋野井左宰相中將・予又クコン給也、滋野井・予兩人、」

○以下八日マデ本紙缺ク、第三十六紙ハ插入白紙、

（37オ）

〔八日條ニ係ルカ〕一、兵衞尉（大澤重致）坂本ヨリ上了、佐渡此方ニ宿也、

九日、天晴、

〔一〕□今日弥六坂本ヨリ上了、俊藏主白地來臨也、

一、長門守（大澤久守）催促ニ罷出了、

一、今夜佐渡・兵衞（大澤重致）・左衞門（坂田資友）・石崎寄合田樂ヲ興行了、

十日、雨下、

一、今日朝飯・汁ヲ左衞門興行也、佐渡モ來了、

禁裏新御料所より貢納さる大澤久守支配

一、新御リヨウ所三千疋ヲサマル也、又大澤支配仕也、
一、三郎衛門來了、」
（37ウ）
一、弥六播磨下了、
　十一日、天晴、
一、今日俊藏主來臨也、物語畢、
一、極﨟來臨也、雜談移剋畢、
　十二日、天晴、
〔一〕□今日坂本ヨリ松若立歸ニ上了、

藥師寺某より狸を贈られ狸汁を興行

一、藥師、方ヨリタヌキ《狸》ヲ進也、則夕飯ノ汁ニ興行、佐渡・弥四郎來了、

松木宗綱より禁裏御番相博の使あり

〔一〕□松木方ヨリ番相博（來廿三日）事ニ使アリ、リヤウシヤ□也、□ヨリノ予番カワル由申、庭田方ヨリ使在之、」

月例念佛

（38オ）
　十三日、雨下、毎月念佛在之、
一、今日五十嵐上也、立歸リ了、

甘露寺親長元長父子を招き狸汁興行

一、夕飯狸汁アリテ甘露寺（親長）・同弁（元長）來臨也、色ゝ雜談了、

高倉永繼邸に赴く田樂

一、夜ニ入、左少弁（甘露寺元長）・樂邦（萬里小路春房）・予同道、藤宰（高倉永繼）相宿へ罷也、其マ、宿也、田樂ニテ酒アリ、レン

キ所也、
一、就宿事、三郎衛門來了、スコク物語了、
　十四日、天晴、
一、今日早朝ニ左少弁・樂邦・予同道歸了、
一、俊藏主來臨也、左衛門酒ヲ進了、
（38ウ）
合力風呂
一、合力風呂晩影ニアリ、人數甘露寺・源大納言・」民部卿・左少弁・樂邦・予・景益（山井）等也、
長門守・左衛門入了、
夜寒き故酒を興行
一、夜佐渡ナト寒由申、酒ヲ興行了、
　十五日、天晴、
一、今朝就此宿事、庭田・掃部來也、長門守酒ヲノマセ了、
一、俊藏主・ハヤシノ五郎左衛門來了、
伏見宮邦高親王萬秋樂曲御傳授さる　師範菊亭教季　綾小路俊量指貫を庭田雅行より借用す
一、就伏見殿（邦高親王）曲御傳受万秋樂也、綾少路（俊量）用トテ庭田方ヨリ▒指貫借用也、今出川（教季）前内府御シハンニ
被參了、
一、就此宿事、ホンシヤウ三郎衛門來了、
宿替
〔一〕□晩影ニ此宿ヲカユル也、此方ニハ庭田入道（長賢）アルヘキナリ、暮程ニ予各ウツル也、酒アリ、」

十六日、天晴、

（39オ）

一、今日朝飯・中酒石崎進了、

禁裏風呂あり勝仁親王及び近臣の廷臣入る

一、当番ニテ祗候申也、自禁裏御風呂アリ、若宮〔勝仁親王〕御方御入アリ、近身少〻参也、番衆源大納言・民部卿・予・俊量朝臣也、勸修寺〔政顕〕モ御風呂ニ入了、

一、御風呂アカリニ御ヲモイアリ、男衆以後女中以下、安禪寺宮・曇花院宮・眞乗寺宮モ御入アリ、

あややの局

一、御スヘノアヤ、局ニテ酒アリ、源大納言・滋野井・民部卿・頭中將・正親町・予等也、

日野苗子御風呂あがりの酒饌を獻ず

一、暮程ニ御風呂アカリトテ北少路殿柳二荷・カハラケノ物五色被進也、則夜ニ入被參也、御ヒサシニテ源大納言・民部卿・予・俊量朝臣等ニ御酒給了、」

勝仁親王御所に宿直す

（39ウ）

一、今夜若宮御方御トノイ申了、先御前ニテスカク御物語申入也、

十七日、天晴、雪下、

一、今日モ御番也、

御庇にて酒を賜ふ

一、御ヒサシニテ御酒給也、源大納言・民部卿・予・俊量□〔等〕ナリ、御所ニ未御座也、

長橋にて酒局宴あり

□〔一〕長橋局ニテ酒アリ、

名號連歌會を催す

□〔一〕〔暮程〕夜ニ入、名号御連歌アリ、御人數番衆計也、夜ウラカシ止了、」

近所店屋に禁裏御本續千載集あるを召寄す

宗祇古今集を献上

名號連歌の殘御沙汰あり

足利義政廣橋兼顯を通じ獻金す

武家爭ひ無爲の事奏上あり足利義視誓文を參る明日日野富子に勅書を下す

禁裏御本續千載集を五十疋にて買上ぐ

十九〔八〕日、天晴、

（40オ）

□〔一〕今日モ当番也、續千載〔載〕近所ノテニ屋ニ□召寄持參、則禁裏御本也、メシト□之由也、百疋由申了、

一、宗祇、半井三位心得ニテ、以源大納言古今一部進上也、シヤウ院弟子ヱンカ筆也、シンヒヨウノ被仰女房奉書被出了、

一、名号連歌ノ殘御沙汰アリ、夜ニ入マテ□、

一、御前ニテ源大納言・民部卿・予・俊量朝臣ニ御酒被下也、

一、以頭弁兼顯朝臣、室町殿〔足利義政〕ヨリ御キヤウタイ方ミ万疋御進上也、

一、武家〔御臺〕ヨリ夜ニ入、頭弁〔廣橋兼顯〕御使ニテ世上無爲事御申アリ、則今出川殿〔足利義視〕御せイモンシヤウ參ナリ、申ツキ源大納言、明日御臺〔日野富子〕御方へ勅書」被進可然之由、廣橋イケン申也、其□、

（40ウ）

一、伏見殿夜ニ入御參了、

十九日、天晴、□夜前ニ□ 則頭弁武家へ□

一、今日自御臺如毎□朝飯□各參申也、女中ニモ同之□ニヨンテ也、番衆所ニテ飯在之、

□〔一〕御風呂以後彼〔續脱カ〕千載集五十疋ニ可被□メシトメラル、也、予退出了、

正月の直垂出來る

〔一〕□伏見殿御風呂へ御入アリ、其時予モ入了、

〔一〕□藤宰相女中ヨリ正月直垂イテキ□出來也、

○以下缺ク、

〔文明十年〕

○原本表紙缺ク、原寸、縦二十三・七糎、横二〇・三糎、

（後補表紙外題、柳原紀光筆）
「文明十年　四季

言國卿御記　」

言國本年二十七歳、正四位下、行近衛權中將、內藏頭

（1オ）

# 文明十年正月大

禁裏御歯固めに密に參內

一日、天晴、禁裏御コハ供御以後內〻御ハカタメ參了、

吉書始

一、今日向吉方吉書始、目出了、

一、祝着如佳例、目出了、

元日祝に參內
天酌
天盃
祇候人數

一、七時分ニ禁裏御祝ニ參也、暮程ニ御コハ供御參、メシタシ・テムシヤク・同テンハイ如恒、祝着了、祇候人數、新大納言（四辻季春）・源大納言（庭田雅行）・按察使（甘露寺親長）・滋野井前宰相中將（教國）・民部卿（白川忠富）・大藏卿（西坊城顯長）・正親町宰相中將（公顯）・四辻宰相中將（季經）・新三条宰相中將（三條西實隆）・予・爲親朝臣（五條）・元長（甘露寺）・菅原在數（唐橋）

勝仁親王御裝束に參仕御半尻
勝仁親王御强飯供御
元日平座上卿
山科家雜掌坂田資友備前國より歸京
正月祝に山科家に來る衆
禁裏二日祝に參內
祇候衆
廣橋兼顯に天盃を下さる

・源富仲(五辻)、
一、御コハ供御以前ニ宮(勝仁親王)御方御半尻之御前シヤウソクニ參畢、
一、御局〻へ礼ニ行也、
一、宮御方御コわ供御如毎年、各メシタシ在之、御シヤクニテ、
一、四過時分ニ元日平座ニテ在之、上卿日野大中納言(町廣光)、少納言(五條爲親)不參、弁元長左少弁、予見物、各在之、予各同道退出畢、」
坂田(資友)左衛門ヒセンヨリ上了、

(1ウ)

二日、雨下、
一、今日祝着如恒、目出了、
一、礼ニ來衆、タカハタケ・同式部・清水左衛助・粟津弥四郎、
一、八過時分ニ　禁裏御礼ニ參也、暮程ニ御コハ供御參、先宮御方御服ニ予參也、夜ニ入如昨日メシタ(シ脱)在之、祇候衆、源大納言・滋野井・民部卿・大藏卿・正親町宰相中將・四辻宰相中將・新宰相中將・予・爲親朝臣・元長・源富仲・菅原長胤、
一、廣橋御祝祇候、遲參也、サウニ御對面ニテ、ンハイ被下也、予申ツキ也、宮御方ノメシタシニハ參也、各如昨日、

御局にて祝あり
山科言國樂始
三條西實隆祝に來る
三日祝に參內
天酌天盃祗候輩
富成祗候
室町幕府參賀
小番衆奉公衆奉行等出仕
公家衆
足利義尚對面の後に義政の小川御所へ參ず
義政への對面は位次次第により言國頭中將中山宣親に先んず

一、勾当局・新內侍局・大典侍局ニテ祝在之、予罷了、
一、予樂始、三臺急・五常樂急・太平樂急吹之、目出了、
一、三条西礼ニ來臨也、一盃ヲ興行畢、祝言計、」
（2オ）
三日、天晴、
一、今日七時分ニ御祝ニ禁裏參也、祝着如恒、目出了、
一、晩影ニ御コわ供御參也、テンシヤ（ク脱）・テンハイ同前、祗候輩、源大納言・滋野井宰相中將・民部卿・大藏卿・四辻宰相中將・新宰相中將・予・爲親朝臣・元長・源富仲・菅原長胤・正親町宰相中將、遲參、
一、宮御方御コわ同前、メシタシ同之、正親町宰相中將參了、
一、富成御礼ニ祗候、御對面在之、御スヘニテ御サカ月被下了、」
（2ウ）
四日、天晴、
一、今日早朝ニ武家參賀ニテ、予モ出仕也、先御方御所（足利義尚）へ參也、小番衆・ホウコウ衆・奉行等之出仕也、公家、民部卿・中山（宣親）・予・左中弁（賢房）・万里小路・吉田藏人（兼致）等也、御方御所御對面以後、武家（小川御所）へ各參、予コシ供兵衞尉（大澤重致）、雜式（色）彦次郎・竹阿弥（ヽ）、御其外チウケン共也、武家（足利義政）御對面在之、頭中將中山上、未ナキノ間、雖頭中將イシ次第ニ予先御礼申、予次ニ

義政夫人日野富子にも對面御盃春日局御酌にて給ふ中山宣親義政義尚に頭中將昇進禮す

參也、禁裏仰又古モか様子細在之云々、イツレニモ予面目欤、御對面以後、御臺(日野富子)御方へ參也、如本御サカ月被下也、御シヤク春日局也、中山兩御所ニテ昇進之御礼ニ御太刀金進上也、御方御所申ツキ伊勢次郎、武家申ツキ伊勢左京佐(亮)也、

年始禮に所々へ參る
管領畠山政長
一條兼良
近衞政家
伊勢貞宗

一、礼罷所々、北小路殿(日野苗子)對面・日野同・レンキ同・ハンシヨウ同・三宝院(政深)同・廣橋留寸・馬頭(守、下同ジ)(細川政國)留寸・畠山(政長)對面、官領、シヨク太刀金遣也、ソウメイ(細川政元)對面・一条殿(兼良)同・烏丸同・傳法輪(轉)(公敦)同・三条同滋野井留寸・四辻同・綾少路(後量)同・三条西對面・近衞殿(政家)同・正親町留寸・」伊勢(貞宗)同・武者小路(資世)同・安禪寺殿御サカ月被下也、・眞乘寺殿同・伏見殿(邦高親王)同・東閑院殿同・花山院(政長)對面・勸修寺(教秀)同・甘露寺留寸・万里少路(小、下同ジ)同・庭田同・中山同・園(基有)同・飛鳥井(雅康)對面・菊第(教季)同・舊院上﨟申ヲク也・大納言局同・藤宰相(高倉永繼)柳一荷・二色持行也、同女中ニテ三コン在之、目出了、各メシタシ在之、二尊院(善空)へモ礼ニ行了、

(3オ)

山科家へ年始禮に來る者

一、陣屋へ礼ニ來方々、
勸修寺弁(政顕)・万里少路兒・甘露寺(親長)・同弁(元長)・馬頭使・高辻少納言(長直)・御タイクハン二郎・同□
涼殿・飯尾彥左衞門尉・白川民部卿・岡、

五日、天晴、

山科庄民年始禮に來る

一、今日地下ヨリ礼トテ五十嵐・小四郎上來云々、聽而下也、

經師

一、經シ□□、十乘礼ニ來了、佐渡同之、サカ月ノマセ了、

言國髪を梳る
地下所々より若菜上る
年始禮に來る諸家
七日祝
大澤久守山科庄へ下向
禁裏御番
甘露寺親長と共に八雲御抄を校合す
勝仁親王御樂
祇候衆
天酌
天盃
言國勝仁親王装束着用を務む

一、弥六坂本へ下也、女中へ遣御文了、
　六日、天晴、
（3ウ）
一、今日予カミヲケツル也、左衞門モトユイヲ取也、如恒祝在之、
一、弥六坂本ヨリ上也、地下所〻ヨリ若菜出來云〻、目出了、
一、礼ニ來方〻、中山・マニシウ院・藥師寺掃部・本庄三郎衞門・細川《ソウメイ》使太刀金送之、・藤宰相、
　七日、天晴、雨下晩影、
一、今日祝着如恒、目出了、タツケ礼ニ來了、
一、（大澤久守）長門守地下へ佳例下了、
一、自今日当番也、參申、於御前ニ按察・予兩人八雲抄校合也、
（4オ）
一、宮御方御前ニテ御樂被遊也、御所樣越殿樂ヲスヘ被申、予モ祇候也、
一、新典侍御局ニ酒在之、予モ被申間參也、
一、御祝ニ祇候方〻、新大納言・源大納言・按察使・民部卿・正親〔町脱〕宰相中將・新宰相中將・予・爲親朝臣・元長・源富仲、
テンハイ・テンシヤク如恒、祝着了、御祝以前ニ予宮御方御服メサセ畢、御所御コハ供御以後、宮御方御コわ供御參也、メシタシ同之、

再び八雲御抄を校合す

新勅撰集書寫の勅命を正親町三條實興

一宮正久及び經師大夫年始禮に來る

民部卿局

護持僧參賀大覺寺性深聖護院道興御加持申さる

太元護摩道場を構へらる修理職及び禁裏御大工參る床子座休所に構ふ

諸御比丘尼御所參賀す

一、夜ニ入又御前ニテ按察・予兩人彼御双帋校合也、夜深也、
一、頭中將実興朝臣（正親町三條）ニ以予御双帋事被仰付也、新勅撰被書也、
一、夜宮御方御樂被遊也、予參了、
一、陣屋へ一宮長門守（正久）礼ニ太刀金持來云々、經シ大夫礼ニ來也、
一、民部卿局ニテ祝在之、予・兵衞尉ニ也、」

（4ウ）

八日、雨下、
一、今日御持〔護〕僧參賀也、禁裏へモ御礼被參申ツキ也、大學《カク》寺・シヤウコ院兩人被參御對面在之、御カチ被申也、此使ニ勸修寺中納言（經茂）御礼申也、次宮御方へ兩人御礼被申、則御對面在之、御カチ同之、中納言同前、
一、自今夜タイケントテ陣屋《サ》ヲシユツライ、タウチヤウニカマヘラル、也、シユリシキ者共參、御タイク同之、シヤウシノ座ヲキウ所ニカマヘラル、也、予ニ色々御サウサクノ事被仰付也、
一、御ヒクニ所々御礼ニ御參也、安禪寺殿同姫宮・曇花院殿・眞乘寺殿・大シヤウ寺殿各一荷・御折三合御持參云々、如例御インコン在之、安禪寺殿御シヤクニテメシタシ在之、民部卿・予・爲親朝臣（按察番代）也、暮程ニ曇花院御シヤクニテ又メシタシ在之、今度ハ予計參也、

徳大寺實淳參內御對面あり
外様番衆所
田向重治卜部兼致參賀後土御門天皇御對面あり
五辻富仲太元御撫物を出す
八雲御抄校合外様番衆所にても行ふ
御持佛堂の花を立てさせらる
外様番衆所へ御酒を賜ふ
後土御門天皇より御扇賜ふ
庭田雅行年始めの御認めに參內

（5オ）
一、徳大寺(實淳)御礼ニ參內衣冠、柳二荷・御折三合進上也、御對面在之、」外様番衆所御銚子ヲ被出了、

一、夜ニ入宮御方御樂共被遊也、予申入也、

一、夜重治(田向)朝臣・吉田藏人兼致御礼申也、予申ツキ御對面在之、宮御方同之、

一、源富仲(五辻)タイケンノ御ナテ物申出ニ參了、

一、晝三宝院御礼ニ御參、申ツキ予也、御サカ月被參《マイラセラル》也、御對面、

一、アキ持入道子兒アキシケ御礼ニ參也、予申ツキ也、女中ニテ御サカ月被下了、

九日、天晴、

一、今日彼八雲抄、滋野井宰相中將按察番代ニ祗候也、予兩人校合スル也、中山頭中将宣親朝臣・兼致ナトモ外様番衆所ニテモ校合也、

一、御持佛堂ハナ二ヘイ予ニタテサセラル丶也、

一、予ニ色々事被仰也、花山院御礼ニ被參、殊当番也、申ツキ予也、御對面在之、宮御方同之、外様番衆所ヘテン酒ヲ被出、花山院ニ被下也、予ニ被仰付也、

一、御前ヘメサレ、予ニ佳例之御扇被下也、祝着了、」

（5ウ）
一、源大納言御シタ、メニ被參、当年始也、御サカ月被下云々、御前ニテ源大納言・滋野井宰相中將・民部卿・予ニ色々ニテ御酒被下也、スコク滋野井・予夜深ニテ御物語共申入了、

勝仁親王方にて御樂を奏す音頭言國

長橋局にて酒あり

滋野井教國謠あり

來十一日武家參內始の御供を仰せつかる

總竝み公家參賀

大澤久守山科庄より上洛

粟津彌四郎來る

一、今夜モ宮御方へ御樂予申也、平調、三臺急・五常樂急・鷄徳、盤渉、越殿樂・千秋樂等
也、音頭予仕也、
一、夜長橋局ニテ大酒在之、滋野井・予御所ヨリ退出後可來之由間、兩人行、女中、太〔大〕典侍
殿・新典侍殿・二条殿局・御アチヤ〳〵・東御方・御今參等也、源大納言・廣橋モ在之、
是兩人ハヤク被歸也、夜八時分マテ酒在之、滋ウタイナト在之、此女中衆柳被參故歟、
一、廣橋來十一日御參內始御供事予ニ被申了、
十日、天晴、」
（6オ）
一、今日早朝ニ御番ヨリ退出畢、
一、ソウナミノ《公家》參賀也、センケ等云々、
一、礼來臨方々、園前中納言・正親町・平松・町《日野》・武者少路宰相、
一、長門守地下ヨリ上也、目出了、ミヤケニ酒祝言計在之、
一、晩影ニ礼來方々、勘解由少路・庭田源大納言・三条、
一、粟津弥四郎來也、サカ月ヲノマセ畢、
一、今朝坂本へ衞門二郎下也、立歸也、
十一日、天晴、

足利義政義尚父子參內
義政義尚同車
義尚伊勢宿所遠く端に下車
言國御簾役
元長御沓役
義政下車
榻
白川資氏御沓役
義尚下車所に蹲居
參會衆
足利義政供衆
御牛飼
布衣侍
義政例の如く高遣戸より御參
御劒進上

（6ウ）

一、今日御參內也、年始、予御供分ニテ參會也、四過時分ニ予禁裏參、御參ヲ奉待也、八過時分ニ御參內在之、御車也、御方御所御同車也、御供方〻雖成乘車事、就不事行各參會也、御方少▒《所》ハ伊勢宿所之トヲクハシヲカキリ□〔三〕」御下車也、御簾せンクウ《ミチヲ》置之、次予御簾ヲアク、次元長左少弁ホウイノ御沓ヲトリテ《御右方ヨリ》マイラスル也、次御下車アリ、次其ヨリ御車ヲ手ヒキニショツハシノヤク所ノカトツイ《ハキ》地ノカトヘンニテ准后（足利義政）御下車也、次御車ノ中ニアル御劒ヲトリ、御車左方ニ如以前せンクウ御シチヲ持參、次資氏（白川）朝臣伯少將御沓ヲ持參、次政顯（勸修寺）左中弁參也、御車在之、御沓御車右ノ方ノナカヘノ下ヲク、リテ被參也、御下車所ニ御方御所御ソンキヨ在之、各參會輩、中將殿（足利義尚）御下車所ヨリソンキヨ也、北方御イシノキハニ也、參會衆、勸修寺大納言（教秀）・源大納言・按察使・民部卿・左大弁宰相・右大弁宰相兼顯・日野侍從雅資《政》等也、

一、准后御供衆、予御簾・資氏朝臣御沓・政顯御劒、宰相中將殿（足利義尚）御供、元長御沓ヤク・永康（高倉）御劒、御簾ニハ予參也、せンクウ近衛殿ヨリ參▒《ノ》ヘントウ御ウシカイ其外色〻せン〱ノコトク也、武家ホウイホンカウ与三郎、御方御所ホウイ別在之、」

（7オ）

一、如例タカヤリトヨリ御參也、三コン參也、三コンニ御劒如恒御進上也右大弁、御前ニ持參云〻、三コンメノ御シヤク、准后前〻ノコトクメシタシ勸修寺大納言・右大弁・政資《日野》等也、

退出出御

牛飼榻を渡す

言國御簾を左方より巻上ぐ

化粧革を巻添ふ

武家退出後參會公家衆に外様番衆所にて御酒賜ふ

高倉永康年始に參内

後土御門天皇に今日の時宜を尋ねらる

禁裏近臣輩酒饌を獻ず
三獻天酌
四獻伏見宮邦高親王
五獻勝仁親王

次ヤカテ御退出也、先宰相中將殿下殿在之、御沓如以前也、次資氏朝臣准后御沓ヲ持參、次准后御下殿在之、次御ウシカイ以前御下車所ニテシチヲせンクウニわタス、せンクウ是ヲトリテヲキ、タテムシロヲサクル《ヲロス》也、次予御簾ヲ御左ノ方ヨリマキアクル也、五計内ノ方ヘマキアケ可然様ニアクル也、ケシヤウカわヲマキソヘ、シ、次御車ニメス、次御車ノ内ヘ御劒ヲイレラル、宰相中將殿以前御下車所ニテ御車ニメス也、御簾予在《同》之、參會衆以前ニ同之、

一、ヨツハシノヤク所官領畠山左衞門督也、則參了、

一、御退出後、參會衆、予禁裏參今日御礼申也、外様番衆所ニテ御酒被出間、祝着了、

一、藤侍従永康年始御礼申間、予心得申入也、御對面在之、御スヘニテ、ンハイ被下也、資氏朝臣同之、宮御方モ也、

（7ウ）

一、予退出ヲリ又御前ニメサレ祗候、今日時宜色々御尋アリ、」予晩影ニ退出了、

一、西坊城（顕長）・近衞坂（靈鷲院房兼）巻枝在之礼ニ來臨云々、

十二日、雨下、

一、今日佐渡來、御カわらケノ物ヲコシラユル也、此方ニテ朝飯在之、

一、禁裏近身輩申沙汰也、予八時分ニ參也、先庭田入道御礼ニ被參、三コン在之、以後申沙汰ノインコム在之、三コンメノ《ハ》▒テンシヤク也、四コンメ伏見殿御シヤク、五コンメ宮

巡舞あり
祇候の人々
各に佳例の御扇を賜ふ
月例念佛
平調樂各種を吹奏
大澤久守廣橋家を訪問
山科庄より三毬丁竹上る
三毬丁竹を献上す
三毬丁祝

御方御シヤク也、大御酒也、シユンノ舞在之、夜九過時分マテ御酒在之、祇候方々、新大納言・源大納言・按察使・滋野井宰相中將・民部卿・大藏卿・正親町宰相中將・右大弁・新宰相中將・万里少路兒・予・爲親朝臣・菅原在數・源富仲・菅原長胤、各御カわラケ物一色・御銚子ヒサケ」進上也、予御銚子物御局へ□(十カ)疋被参也、廣橋一桶三色進上也、庭田入道テンシヤク以後退也、御樽進上云々、各御シヤクノ時ニ佳例之御扇被下也、予少々ニハ以前被下也、

（8オ）

十三日、雪下、天晴、念佛在之、

十四日、雪下、

一、今日礼ニ花山院ヨリ使在之、

一、平調、万歳樂只拍子・三臺急・春楊柳・小娘子・林歌吹也、

一、暮程ニ長門守廣橋へ柳カタ〱一種持罷云々、

一、地下ヨリ三キウチヤウ竹、ハラ以下上也、目出々々、晩影ニ禁裏十五日如先々三キウチヤウ十本進上也、御文ニテ進上之、御文タテフム也、又二宮御方如去年一本マイラせ了、」

（8ウ）

十五日、天晴、

一、今日祝着如恒、目出々々、三キウチヤウ祝無計門ニテハヤサせ畢、予吉書入之也、

參内
暮程に御祝あり
天酌　天盃
祗候の輩

三毬丁を囃させらる
各青侍に御酒を賜ふ
勝仁親王御所も御祝あり

般若心經書寫
後土御門天皇より召さる
勝仁親王御半尻事

一宮神主年始禮に來る

一、佐渡來物語也、酒在之、五郎衞門礼來了、
一、禁裏七時分ニ參也、ヤカテ御前先メサル、色々御物語共在之、御祝暮程ニ參也、御コハ供御、テンシヤク・テンハイ如以前、祝着々々、御祝祗候輩、新大納言・源大納言・按察使・滋野井前宰相中將・民部卿・大藏卿・正親町宰相中將・四辻宰相中將・新宰相中將・万里少路兒・予・爲親朝臣・元長・以量(薄)・源富仲・菅原長胤、
一、御祝以後各宿チキヲメ三キウチヤウハヤサセラル、也、三十本アマリ在之、ハヤシハテ以後、藏人シヤクニテタカヤリトノクツユキニテハヤシタル、各青侍共ニ御酒被下也、三キウチヤウ以後、宮御方御祝在之、各メシタシニ如前參也、」

(9オ)

十六日、天晴、
一、今日予時ヲスル也、心經一巻奉書写了、
一、禁裏ヨリ俄メサル、也、下姿ニテ祗候、宮御方御半尻事也、御小袖タケユイ入ヘキ由被仰出也、則申出、予退出、此方無女房間、三条西所へ遣申遣ナヲサせ進上了、
一、永壽院巻枝タンクヲ持礼ニ來也、二尊院長老巻枝ヲ持礼ニ來臨了、弥四郎礼來了、

十七日、天晴、
一、今日一宮神主礼ニ來也、三百疋折帋持太刀在之、同又二郎モ礼來也、予無對面之、長門守見參

勝仁親王申沙汰酒宴催す

祗候輩

伏見宮邦高親王御室道永法親王御參

女房衆天酌あり

伏見殿御雜色庭田雅行同朋に謡はす

巡舞あり

坂本執當坊上洛

足利義政義尚父子及び日野富子參內

禁裏御沙汰

也、長門守ニ百疋折帋太刀クミマキ遣云々、

(9ウ)

一、宮御方申沙汰也、予七時分ニ參、インコン晩影ニハシマル也、各」御銚子ヒサケ一種進上也、廣橋コヲリ二合カタ〳〵進上、源大納言御カわラケ物五色・一荷進上、祗候輩、源大納言・滋野井前宰相中將・民部卿・大藏卿・正親町宰相中將・四辻宰相中將・右大弁宰相・新宰相中將・万里少路兒・予・爲親朝臣・元長・源富仲・菅原長胤等也、伏見殿御參、御室御下姿ニテ御參アリ、次ノ御ヒサシニ御座也、三コンメハ宮御方御シヤク也、女房衆・男衆各メシタシ在之、其後伏見殿御シヤク、テンシヤク在之、御方ニテインコンアリ、▒主シヤウオルナリ、御キケンニテ夜七時分マテ大御酒在之、御ツホノ中へ下ケイシ師富、伏見殿御雜式与三郎、庭田トウホウュウ阿ミ、同子等ヲメシ、ウタハセラル、也、近比面白し、予モ御シヤク御クわへ等仕也、シュンノ舞在之、一興〳〵、

十八日、雨下、」

十九日、天晴、晩影ニ陣屋へ統秋礼ニ來云々、

(10オ)

一、今日執当上洛礼ニ來臨也、柳カタ〳〵一種持來、則祝言計酒在之、供者共各メシイタス也、

一、御參內也、禁裏▒御申沙汰云々、九過時分ニ予參也、先御臺御參ニテ御サカ月參、三コン參

富子今年始めて參內
參會輩
義政下姿にて御直廬へ御參
義政御參の時義尚馬道の際に蹲踞す
義政御劍役遲參
遲參參會衆
三獻目義政御酌
御相伴の人々
夜祇候輩
義政義尚退出
日野富子御座にて酒席果てず
言國蟲氣にて退出
巡舞あり

（10ウ）

云々、年始ハシメテ御參間也、先又御方御所御□籠ヘ御裝束ニテ御參、▒參會輩、勸修寺大納言・源大納言・民部卿・右大弁・予、各此外遲參、ヤカテ武家御下姿ニテ御チヨクロヘ御參アリ、參會衆以前同之、武家御チヨクロヘ御ナリノ時、御方御所下殿アリテメンタウノキハ西方ニ御ソンキヨアリ、其時予御方御所ヘ御沓マイラスル也、御供御劍役遲參間右大弁兼顯持之也、御チヨクロウニテ御裝束ヲメシ、ヤカテ御參、武家御供予御劍、宰相中將殿御供元長御劍也、參會輩遲參衆、新大納言・按察使・正親町宰相中將・新宰相中將・日野侍從等也、如常三コンメ准后御シヤクニテ各メシタシ在之、參衆、勸修寺大納言・新大納言・源大納言・按察使・民部卿・右大弁・新宰相中將・予・爲親朝臣・元長・日野侍從・菅原在數・源富仲・菅原長胤、」宮御方御出アリ、御シヤウハンノ御方々、伏見殿・按〔安〕禪寺宮・曇花院宮・眞乘寺宮・御臺、北少路殿モ御參アリ、大御酒也、夜ニ入祇候輩、滋野井前宰相中將・大藏卿・正親町宰相中將等也、夜九過時分ニ准后御退出、其以前ニ宰相中將殿ハ御退出也、予准后御退出之時罷出也、御臺御座ニテ御酒ハテス、未各祇候トイヘ共、予虫氣間退出也、七コンメノ御《ハ》シヤク御サカ月臺トリチカヘニテ、ンシヤクナリ、八コンメ宮御方御シヤク也、シユンノ舞ナト在之、

一、御臺御持參柳十荷・ヒフツ七色歟、

樂人等山科家へ年始禮に來る

禁裏より兩度召さるも所勞により不參

豐原統秋を召し樂を吹奏す年始樂

櫻井新五郎來る

飛鳥井雅康來る

俊藏主林五郎衛門來る

廿日、天晴、

一、今日山都樂人以後參賀云々、執当坂本へ下云々、

一、緣秋・慶秋・景秉・統秋礼ニ來了、

(11オ)

一、自　禁裏兩度御使アリテメサル、トイヘ共、旁故障□虫」所勞由申不參也、

一、統秋ヲメシ、平調、万歳樂只拍子・三臺急・春楊柳・小娘子・老君子・鷄德・林歌同樂スル也、年始必如此同樂了、樂以後夕飯此方ニテ統秋在之、色々物語畢、

一、櫻井新五郎自坂本上來也、当年始也、何ソ持來歟、

廿一日、天晴、

一、今日櫻井新五郎此方ニテ朝飯在之、

一、統秋下トテイトマコイニ來畢、

一、飛鳥井礼ニ來臨也、

一、式部坂本ヨリ上了、

一、俊藏主ゐ中ヨリ昨日上、今日來臨也、酒在之、夕飯モ此方ニテアリ、色々物語畢、林五郎衛門モ來、中酒ヲノミ了、

廿二日、天晴、

禁裏御番にて參內

一、今日ヨリ当番ニテ參也、御前ニ則色〻仰事在之、

法樂御樂奉行を仰せつかる

(11ウ)
一、宮御方・伏見殿今月御法樂御樂、奉行事予ニ被仰付也、御目錄如此被進書下也、則御目錄」予ウツシモヨヲスナリ、如此畢、來廿四日分也、

御法樂目錄

折帋御法樂目錄

平調

万歳樂只拍子・三臺急・春楊柳・五常樂急・郎(老、下同ジ)君子・小娘子・鶏德、別帋ニ如此折帋ニ書、各申遣也、

折紙を申遣し法樂御樂參會を傳ふ

來廿四日辰一點可有法樂御樂候、可令參給之由、內〻被仰出候也、

正月廿二日　――

諸人の返事
四辻季春
中御門宣胤
四辻季經
綾小路俊量
甘露寺親長

四辻殿奉、　中(宣胤)御門殿除服之事年始之事ニ候間、無何故斟酌候、但時宜不苦候、可有御申沙汰候哉、然者可參候、御左右今日中可承向候、　四辻殿御方奉、　綾少路殿不具非一事候、乍去雖罷可參候、　甘露寺殿御目錄之內不存知御樂候間、於于今難叶候、雖然可祗候、

松木宗綱申趣を披露

白川忠富に尋ねらる

忠富意見は謂なし

(12オ)
一、松木(宗綱)申趣披露処ニヘンサイ天法樂ト申ナカラ□ンシユノ」事間、ハ、カリアルヘキ欤ノ様に被仰也、松木所□□様ハ除服事、勅(許カ)裾候ヘハ諸社ナトノ祭ニモサンカウアル間、クルシカルマシキ由也、其様披露処に、伯民部卿に御尋アリ、伯民部卿申様イツレニモハ、カルヘキ由也、其儀サタマルナリ、除服事申沙汰遣也、左中弁政顯ニ申也、民部卿申子細

ユハレナキ歟、

勝仁親王御笙御稽古始
豐原縁秋御所馬道に圓座を敷き祇候
番衆所簀子にて御酒申す

一、晝時分、宮御方御笙御稽古始也、予申沙汰、縁秋メンタウニ円座ヲシキ祇候也、ヒタヽレニテ參、ケンコ內〻儀也、平調音取縁秋吹、次宮御方三臺急・五常樂急・鷄德被遊也、縁秋御同樂申也、此三以後縁秋退出、予近身番衆所之スノコニテ御酒申出、祝着サセ畢、

勝仁親王御讀書始
船橋宗賢祇候

一、八時分御トク書始ニテ淸三位(船橋宗賢)祇候也、是も下姿也、予申ツキ、以後御前番衆ニテ予御銚子申出、シウチヤクサセ畢、

勝仁親王御琴稽古始
四辻季春祇候

一、七時分御コト御稽(古脫カ)始ニテ四辻大納言祇候也、御方ニテ御銚子被出御酒在之、御今參局御シヤクニテ也、予モ祇候、

伏見宮御座の所にて詞花集を校合す

一、伏見殿御座也、御座アル所ニテ詞花集夏部計、予御兩人校合了、

新內侍局にて御酒を給ふ

一、新內侍局ニテ御今參局予酒ヲ給畢、

北野社法樂和歌御題支配をさせらる

(12ウ)
一、夜女中酒ニテ、源大納言甘露相博・予ニ御酒被下也、御前ニテスコク」御物語申入以後也、霄(マヽ)ニハ又北野法樂御題シハイノ樣予ニサセラレ了、

廿三日、天晴、

一、今日当番也、源大納言所ニ朝飯汁アリテ罷畢、

御法樂和歌御題を校合し短冊を拵ふ

一、於御前按察使・予御法樂題校合也、予彼御短尺ヲツヽミ、方〻へ御短尺ヲコシラへ畢、

大典侍局へ酒肴を用意す

一、大典侍殿局へ予柳カタ〳〵・御カわラケ物二色遣也、俄事間、長橋局女房ニ申付也、宮御方・伏見殿ナラシマス也、大御酒在之、夜ニ入源大納言・右《御サト》大弁・民部卿等出來也、

後土御門天皇仰せにより勝仁親王御箏御稽古

一、夜於御前ニ、宮御方御箏ニ予笙ニテ御供申也、御所様依仰也、明日御法樂御樂共也、其外少〻太平樂等也、

北野社御法樂和歌勅題を方方へ配る

一、御法樂御題勅題方〻へ按察使ウケタマわリニテ被遣了、

一、四辻宰相中將宮御方へ御樂申ニ參也、御樂以後、典侍殿局へ是も出來也、

一、夜ニ入俊量朝臣当年始御礼ニ參也、

明日御法樂御樂の事に豊原縁秋内々祗候

一、今日八時分縁秋祗候也、雙調武徳樂申入也、申ツキ予也、明日御樂ニ内〻可祗候由、縁秋朝臣申也、」

（13オ）

廿四日、天晴、殘樂三反、

禁裏御持佛堂の花を立てさせらる

一、今日モ当番也、朝御持佛堂花ヲ予タテサセラル、也、御樂之アルヘキ樣共予沙汰也、

樂人を召す

一、御樂アルヘキ辰剋ニヲヨフ間、方〻樂人等へ人遣畢、

勝仁親王邦高親王御服を召し御持佛堂へ成る

勝仁親王御箏伏見宮邦高親王は御琵琶

一、樂人ノタウシヤウ剋限ニ各參、其時宜ヲ申入也、先宮御方・伏見殿御服メシヲわリテ、御持佛堂へナル也、次第ニ各參、御器共ハ御樂以前ニ先ヲカル、也、▒宮御方御箏・伏見殿御琵琶・新大納言箏・四辻宰相中將同・予笙・俊量朝臣笛・元長同・縁《地下》秋朝臣笙、平調〻子

言國音頭

春楊柳樂平調にて進す

御樂以後豊原縁秋を同道辨才天參拝

番衆所にて御酒下さる

御前にて三獻あり

三獻目勝仁親王御酌

尊敦親王より女中方にて御酒賜ふ

勝仁親王御笙にて御樂を奏す

在之、音ト予也、調子吹ヲハリテ、万歳樂只拍子・三臺急・春楊柳・五常樂急・郎君子・（13ウ）小娘子・鶏徳《林歌》也、三臺急予□笛俊量朝臣、五常樂急笛元長、笙縁秋朝臣殘也、」鶏徳《林歌》又予殘也、縁秋朝臣カタク申トイヘ共、事外ニ斟酌間、餘ニ遲〻間予殘也、笛俊量朝臣也、□タイロヲウタセラルヘキ由ナリトイヘ共、春楊柳平調ニテシンスル間、予ヒトリ所作迷惑事モリヨ□シナル由申入處に如此也、春楊柳笛兩人吹ソンセラル、也、殘樂俊量朝臣三臺急ソンスル也、ヨキ所ニテヤカテ被付也、御樂以後予ウケタマハリニテ縁秋朝臣ヘンサイ天《チンシユ》へ同道シ被參スル也、番衆所ニテ御酒被下也、則於御前三コン參也、樂人各御前ニ祗候、予ウケタマハリニテ、源大納言・民部卿メサル、ヤカテ祗候也、三コンメ宮御方御シヤクニテ被下也、今日儀無爲〱、目出〻〻、殊予申沙汰珍重了、ヘンサイ天▒コク東御方局ヒンキヨキ間、局女房被仰付沙汰也、

一、女中ニテ二宮御方、予・元長ニ御酒被下也、盡也、

一、□ヨウわン寺長老御礼ニ被參、申ツキ予也、杉原一ソク・」（14オ）カウハコ唐進上也、則御タイメン在之、

一、宮御方御笙ニテ御樂被遊也、予御供申也、平調、三臺急・五常樂急・鶏徳、雙調武徳樂、盤渉調、越殿樂・千秋樂等也、依仰御供申也、

松木宗綱御禮御參

新典侍局にて御酒賜ふ

一、宵《夜》程於御前予・元長色々御物語在之、

一、兵部卿今夜御礼參也、申ツキ元長御スヘニテ御サカ月被下了、

一、夜新典侍局ニテ酒アリトテ予ヲヨハル、罷也、

一、明日可下御イトマ申入也、二宮御方色々一ツ、被下也、

廿五日、天晴、

坂本へ下向す

供衆

山越

一、今日早朝自　禁裏退出也、

（14ウ）

一、坂本へ下ヘキ用意也、迎ニ式部・小四郎上也、則下也、」予供兵衛尉・少輔・掃部・式部、其外チウケン共也、河原マテ坂田左衛門送ニ來也、用意ア□□京都ニノコシヲク也、山越ニ下也、

坂本執當坊へ赴く

幼御料人

一、八時分ニ坂本へ下ツク也、ヤカテ執当・宮内卿・刑部卿礼ニ來臨也、

一、女中ニテ予祝在之、目出々々、坊御猿被來酒ヲ被參也、予扇ヲ遣也、自禁裏被下也、三位・新宰相礼ニ來、長門守酒ヲ進了、

一、晩影ニ執当坊へ柳一荷・二色持罷也、祝言計酒在之、オサナ御リヨウ人へ一ツ、ミ遣也、イユハコス、メ也、

廿六日、天晴、

一、今朝和泉礼ニ來也、掃部京へ上了、

櫻井新五郎所へ大澤久守重致父子參る

一、櫻井新五郎所へ長門守・兵衞朝飯アリトテ罷云々、

宮內卿隆顯來り物語し御坊へ招かる
湯漬にて酒あり

（15オ）

一、宮內卿來臨也、色々物語在之、予ニ坊へ可來之由也、斟酌成トイへ共、餘ニ被申間罷、」予・長門守・兵衞・式部等行也、ユツケニテ酒在之、樽二色以前遣也、

廿七日、天晴、今朝中御門礼ニ來臨了、

一、今日執当坊ニ朝飯アリテ予・此方衆罷也、中御門モ也、豐將監モ罷出也、先此方へ來、予同道罷也、

風呂を焚く

一、自此方風呂ヲタキ、予・此方衆入畢、

坂本執當坊來り酒興行

一、執当坊へ今朝オサナキ者罷礼トテ、杉原十帖《テウ》・扇一本執当礼ニ持來臨也、則酒ヲ興行、大酒在之、御猿・三位・チクコヲヨヒ來也、酒ヲシイヒ了、一興〳〵、

言國及び大澤久守沈酒

一、夜ニ入、大夫部柳カタ〳〵二色持來云々、予・長門守沈酒□不參入見明日由申、」

（15ウ）

廿八日、雨下、

登山

一、今朝朝飯ニ大夫出來也、時以後登山畢、

元三大師と山王社へ代官を遣す

一、予タイクわンニ元三へ式部マイラセ了、山王へモ也、

廿九日、天晴、

大澤久守上京
執當坊和歌會言國懷紙
水石契久三行三字
湖霞
當座出題中御門宣胤披講あり
久守に託し北野社御法樂言國詠歌を飛鳥井方へ送る
飛鳥井方より言國詠歌を返さる
行水の後法樂和歌を清書
北野社御法樂言國詠歌宮城野

（16オ）

一、今日長門守京都上也、
一、執当坊會始也、予モ罷出也、懷帋歌如此、統秋來坊へ同道、
　水石契久　三行三字
　さゝれ石もいはほと成てせく水もなかれ久しくちきる庭もせ
　湖霞同当座
　しかのうらやみきハゝ余所にみえわかて霞にいつる奥のつり舟
　別にし人ハいなはの山のはにつれなくのこる有明の月
予モ座敷へ出也、当座出題中御門同被出也、夕飯以後ヒカウ在之、トクシハンセイヲカ」ネテ中御門、カウシ貞盛ヲシマノヒシリ、中御門歌予カウシ了、
一、今日長門守上洛便ニ飛鳥井兵衞尉(マヽ)方へ御法樂愚詠談合遣畢、
卅日、天晴、
一、今日統秋來也、雙調ゝ子ヲナライカケ畢、
一、京都ヨリ掃部助下也、飛鳥井ヨリ詠草下了、
一、行水ヲシ、彼御法樂北野社詠歌清書也、如此、明日□カサネラル、ト云々、
　秋
　宮城野

阿波手杜

さく萩の花にうつろふしら露をわきて誰かいゝやきの□
阿波手杜《戀》
いたつらに思かしけりていつまてか人にあはてのもりの下草

（16ウ）

一、暮程に中御門所へ先日來礼ニ行畢、

（17オ）

北野社御法樂の和歌短册を青侍に持たせ上る

二月小

一日、天晴、時ゝ雨下、
一、今日早朝彼北野御法樂御短尺掃部助（小川重有）モタせ上畢、
一、祝着如恒、目出ゝゝ、兵衛尉（大澤重致）登山云ゝ、
一、執当・宮内卿（隆顯）・刑部卿礼ニ來臨也、
一、暮程ニ執当坊へ行也、酒在之、夜ニ入カヘリ畢、
一、雙調樂少ゝ吹畢、

豊原統秋に雙調々子を習ふ

二日、天晴、
一、今日統秋（豊原）來也、雙調ゝ子ナライ畢、

山科庄民來る
禁裏より和歌短冊の御返事あり
御樂始御沙汰あるべきを仰せ下さる

一、執当來臨也、物語畢、
一、地下ヨリ五十嵐・小四郎來云々、京都ヨリ弥六下也、昨日御短尺進上御返事自　禁裏在之、
此御返事之便ニ十比〔日脱カ〕ニ御樂」（17ウ）始御沙汰アルヘキ由被仰下也、平調云々、
一、下山云々、兵衛尉、
一、栗見三位当年始礼ニ來也、不對面也、

三日、天晴、

般若心經讀誦

一、今日早朝小四郎上了、心經在之、予三百巻也、
一、爲祈禱元三心經一巻奉書写畢、

統秋來り雙調颯踏入破吹奏

一、統秋來也、雙調颯踏入破ヲ吹畢、

刑部卿法印風呂興行
寺家宮内卿所にて酒宴あり
當座和歌會言國巻頭を詠ず
出題言國

一、刑部卿風呂興行、予・坊衆入也、寺家宮内卿所にテ銚事在之、予モ罷、人數予・執当・栗見三位也、予一色ユトウヲモタせ了、夜ニ入マテ酒在之、予其マ、宿▒也、一首ツ、当座在之、予巻頭詠也、如此、梅花出題予也、
此宿の軒はの梅の花になれてふかき匂ひを袖にうつさん

四日、天晴、」

大澤重致上京

（18オ）一、今日兵衛尉京都上也、供岩ホウシ・小四郎云々、五十嵐地下行也、

坂本執當坊と濱を一見す

一、執当同道予濱一見ニ下也、予供少輔(頼久)・式部(坂田資治)也、新宰相下也、

執當坊所で夕飯あり

一、濱カヘサニ執当所ヘ行也、夕飯汁アリテ飯取寄畢、

一、樂少〻吹也、

五日、雨下、

雙調平調樂を吹奏

一、今日雙調〻子、鳥急・颯踏・同入破・胡飲酒破・酒胡子・武徳樂、平調〻子樂少〻吹畢、

京都人依頼の水無瀬戀歌合雙紙を校合

一、京都人アツラヘノ水無瀬戀歌合双帋、宮内卿坊ヘ持行、校合スル也、校合以後色〻物語共也、酒在之、

六日、天晴、

豐原統秋來り樂を習ふ

一、今日統秋來也、雙調鳥破只拍子ニナラフ也、樂少〻吹了、」(18ウ)

七日、雨下、

一、今日朝飯汁ヲ予此方《是》者共興行畢、

統秋來り樂を吹奏す

一、統秋來也、雙調〻子、鳥破・同急・颯踏・同入破・胡飲酒破・酒胡子・武徳樂、平調樂甘州等吹畢、

雨中冷然の由宮内卿坊へ和歌を詠遣す

一、雨中冷然由申、宮内卿坊ヘ如此詠遣也、晩影ニ也、

さらてたにすゝうき物を春雨のふる屋さひしくふりくるゝ哉

宮内卿坊に招かる

樂を吹奏す
山科庄に庭木を下す

武家御參内あるも言國出仕せず

備後守眞秋

濱の彦二郎に庭木を遣す
禁裏御樂散状あり
御教書
十三日未剋參仕すべし

御返事在之、予ニ可來由間罷也、夜ニ入マテ物語共也、一盃在之、予其マ〻宿畢、

八日、天晴、

一、今日樂少〻吹也、地下ヨリ小四郎來也、庭木共少〻地下へ下也、

一、執当來臨也、色〻物語在之、」

(19オ)

九日、天晴、御參内云〻、予旁故障不上洛也、

一、今日平調樂少〻・雙調樂共吹畢、

一、備後守眞秋当年始テ礼ニ來也、不對面了、

一、統秋白地來也、

一、所望間、庭木共ヲ濱彦二郎遣了、

一、地下ヨリ便宜ニ　禁裏御樂之自四辻方御教書如此下畢、

立文

來十三日可有御樂、未剋可令參仕
給之由、内〻被仰下候也、謹言、
二月七日　季春（四辻也、）
内藏頭殿

一、執当書來臨也、　一、予今夜參社畢、

三井寺南洞院房實來る

一、自三井寺南洞院(房實)來臨也、逗留畢、」(19ウ)

十日、天晴、

一、今日執当坊へ南洞院同道行也、一盃在之、

眞如堂參詣

一、眞如堂へ予・南洞院・執当・刑部卿・新宰相・三位等同道參也、予供少輔・式部等也、

樂を吹奏す

一、平調樂七・雙調樂少〻吹畢、

隣より湯桶の進上を受け寄合酒宴を張る

一、夜ニ入トナリユトウヲ此方へ進也、則皆寄合ノミ畢、

十一日、天晴、自晩影雨下、

一、今日地下ヨリ迎ニ兵衞尉・左衞門此方來也、

一、当年始テ左衞門尉下トテ、予女中以下ニ酒進也、

一、今日上洛間、暇乞ニ執当來了、

里越にて上洛

一、晝過時分ヨリ里越ニ予上也、供、兵衞尉・少輔・左衞門尉・式部等也、其外チウケン共也、河原マテ掃部迎ニ來了、

一、七過時分ニ上ツキ畢、」(20オ)

下姿にて參內
鯰を獻上
勝仁親王に大學一帖を獻上

一、下姿ニテ暮程ニ　禁裏參也、御ミヤケニナマツ一折五進上也、宮御方御尋問、大學一帖進上也、二宮(尊敦親王)御方會カセ進上也、長橋局へせリ一籠被參也、大典侍局へカウフツノ間、フ

長橋局へ芹を大典侍局へ蕗の薹を新内侍局へ土筆を進上す

キノタウ一折敷被參也、新内侍局ヘツク〳〵シ一折敷被參畢、以長橋局色々御ネンコロニ被仰下也、御局ニテ御酒給了、祝着了、

一、統秋(豐原)被來也、

十二日、天晴、

一、今日統秋來也、朝飯ヲ此方ニテ在之、

伏見宮邦高親王御樂奏始所作の人々

一、於伏見殿(邦高親王)御樂奏始在之、予四過時分參也、午剋計ニハシマル也、笙伯二位(資益王)・予・縁秋(豐原)朝臣・豐原統秋、笛俊量朝臣(綾小路)・元長(甘露寺)左少弁・景康朝臣(山井)・景兼(山井)・景廣、ヒチリキ平松宰相(資冬)・季繼、琵琶伏見殿・菊第今出川(教季)前内府・園前中納言(基有)、箏四辻新大納言(季春)・四辻宰相中將(季經)、カンコ慶秋、大コ景益也、御目錄次第」一見之、如此、平調、万歳樂只拍子・三臺急・泔州・五常樂急

（20ウ）

樂目錄

・春楊柳・太平樂急・林歌、

殘樂

三臺急、伏見殿・伯二位・平松宰相、俊量朝臣殘樂也、甘州、予縁秋朝臣ニヨタツスル也、笛左少弁景兼ニヨタツ、ヒわ今出川前内府、季繼殘之、太平樂急、予・平松・元長・園殘之、各殘樂五反也、太平樂・林歌トノアわイニヨイキヨク在之、新大納言・

付物

四辻宰相中將・俊量朝臣也、付物縁秋朝臣・景康《煕》・季繼等也、春楊柳ヲハ伯二位・平松▒ヲホエサル間、ケン所セラスル、也、無念々々、

樂以後酒宴役奏
三獻目邦高親王御酌
言國鳳凰の銘ある笙を吹く
故廣橋綱光年忌佛事に參會懺法途中にて燒香に及ばず
禁裏御樂豐原統秋山科家で支度す
玉座南面勝仁親王伏見宮邦高親王同御簾中
親王方の樂器は事前に置き內侍直し進す
各座につく所役殿上人琴琵琶を置く
笙箏

一、御樂以後インコン在之、三コン參也、御テンシン在之、ヤクソウ殿上人俊量朝臣・重治・以(薄)量也、俊量朝臣御前・前內府前計也、予・元長前以量也、三コンメニ伏見殿御シヤク也、御シヤク以後各退出、

一、予ホウわウニテ吹之、

一、地下ヨリ竹阿上也、少輔又地下へ下了、

一、緣秋今日御樂目出由申、礼來了、

十三日、天晴、　一、佐渡來了、

(21オ)

一、今日朝、廣橋所阿弥陀經一巻・百疋モタせ行也、故ソウ(贈)內府インクわイ《年キ》ノ間也、センホウノ半ナル間、シヨウカウニヲヨハス、廣橋ニ對面罷歸了、明日、

一、禁裏御樂也、九時分ニ予參也、統秋モ此方ニテコシラへ、予ニ同道スル也、

一、剋限ニ御樂ハシマル也、御座南面也、宮御方・伏見殿同簾中、宮御方御器《箏》物カネテヨリヲカレタルヲ、女中勾当內侍參ナヲシ被進也、伏見殿同之、新內侍ナヲシ被進也、各座ニツキヲわリテ、コト・ヒわヲ所役殿上人ヲク也、次ニ平調〻子被遊出也、笙、御所作・兵部卿・伯二位・予・緣秋朝臣・直秋・夏秋、琶箏、宮御方・新大納言・四辻宰相中將、琵琶、伏見殿・園前中納言、笛、俊量朝臣・元長・景康朝臣・景兼・景益六位(大神)・景熙、

琵琶
笛　篳篥
鞨鼓　大鼓
上首より次第
に目録を見る
それを笛音頭
の前に置く
主上殘樂

（21ウ）

甘露寺元長初
參

郢曲あり

付物

下﨟より退出

樂以後酒宴
外様番衆所へ
酒肴出される

三獻目天酌あ
り召出される
參仕の輩

（22オ）

巡舞

ヒチリキ、二条宰相・季繼《六位》、カンコ慶秋、大コ統秋《六位》、各座ニツキヲわリテ、上シユ次第
ニ御目録一見也、地下樂人同之、」各見ヲわリテ御目録笛▒座《ノヲン》トノ前ニ置之、万歳樂只拍子
・三臺急・甘州・五常樂急・鷄徳・太平樂急・林歌・三臺急、主上御殘アリ、近比殊勝
ミミ、五常樂兵部卿殘之、太平樂急伯二位殘之、御殘樂時、笛俊量朝臣、ヒチリキ二条
宰相、ヒわ伏見殿也、兵部卿殘樂時、ヒハ園、笛景兼、季繼殘之、元長笛ニテ可殘トイ
ヘ共、初參間斟酌、太平樂ヲ殘也、太平樂伯二位・元長、ヒわ伏見殿、ヒチリキ季繼也、
元長殘樂ケカヲシヤカテ付之《ナヲ》ス也、伯二位同之、殘樂五反也、太平樂後ヱイキヨク在之、
新大納言・四辻宰相・俊量朝臣也、付物、笙綠秋朝臣、笛景兼・季繼也、御樂無爲過也、
所役殿上人ス、ミ以前器テンスル也、次下﨟ヨリ退出、地下同之、所役殿上人以量・菅（唐
橋）原在數・源（五辻）富仲也、御樂以後インコン在之、外様番衆所へ柳二荷・御折色ミ被出也、各
樂人番衆御礼ニ祗候方ミコレヲノム《ミ》也酒コル也、地下樂人中へ柳一荷・御折二合被出也、
陣屋ニテノム也、三コンメニテンシヤクニテメシ出在之、參輩、新大納言・源大納言・
按察使・兵部卿・滋野井前宰相中將・民部卿・」正親町宰相中將・四辻宰相中將・新宰相
中將・万里少路兒・予・俊量朝臣・元長・以量・菅原在數・源富仲、御酒コリウタイ在
之、少ミ御樂モ同之、三臺急・太平樂急・林歌ナト也、シユンノマイナト在之、太平樂

勝仁親王御酌あり

御酒宴御樂にも御所作あり

御樂の座は簀子に地下樂人は打板に圓座を敷く

所用樂器の銘

廣橋家の往生講に招かる
知恩寺沙汰
僧衆
參會衆
局務
歸路高倉永繼邸に寄る

勝仁親王より當月法樂御樂目録出さる

ナトヲ源大納言・四辻・予ナトニマわせラル丶也、右物ナトモ被吹也、シマカナト在之、源大納言マわル丶也、宮御方御シヤクニテメシモ在之、妙ホウ院殿御兒御座也、此御シヤクニテモメシ出在之、夜五時過時分ニ各同道退出畢、

一、御酒之時、御樂ニモ御所作在之、宮御方・伏見殿同之、新大納言・兵部卿・四辻宰相中將・予・俊量朝臣・元長等仕也、

一、今日御樂各座スノコニ円座也、下地樂人ウチイタニ円座シク也、御庭上アナタコナタニ(マヽ)ハチヤウシユノキヌカツキ共在之、

一、御所作大唐・旅祢・御カヘ笙・兵部卿ハンエイ・伯二位予御器借用難波丸・予鳳凰、

十四日、天晴、

(22ウ)
一、今日廣橋へわウシヤウカウ(往生講)チヲンシ沙汰ニテアリト云々、」チヤウモン可來之由、度々使アル間、テンシンヨリ罷也、時以後罷歸也、僧衆十一人也、園・勘解由小路・町(廣光)・伯(白川忠富)・民部卿・平松・高辻(長直)・予・清三位(船橋宗賢)・キヨクム(中原師富)等、廣橋所ニ也、歸路便ニ藤宰相(高倉永繼)へ白地ニ罷也、對面スル也、女中ハ留守也、

一、緣秋・慶秋・景益、□昨日御樂礼〔無爲〕ニ來云々、統秋坂本下畢、

一、自宮御方当月法樂御樂目錄被出也、就其下姿ニテ參、伏見殿御座間物申入也、新內侍局

行、酒給也、
一、松木所ヘ昨日御樂無爲目出由申行也、留寸ニテ不對面、暮程ニ罷礼ニ又松木礼ニ來臨云〻、
一、俊藏主來臨了、
十五日、天晴、
一、今日予時ヲスル也、俊藏主來了、
一、地下ヨリ竹阿弥上也、兵衞尉又竹阿ツレ地下ヘ下了、
一、坂本ヨリ松若上也、此方ニ宿畢、
(23オ)
一、当月法樂御樂事、方〻如此申遣也、折帋御目録別帋遣、

當月禁裏法樂御樂につき所所に散狀及び目録を遣す

廿四日九時分參仕すべし

來廿四日可有法樂御樂候、九時分可令參仕給之由、内〻被仰出候也、
二月十五日
四辻殿奉、同御方同、綾小路殿不具無祗候隨躰可參、甘露寺殿奉、

散狀を受く人人

御樂目録

折帋
御法樂目録
雙調
鳥破只拍子・同急・颯踏・同入破・胡飲酒破・酒胡子・武德樂、

彼岸中日

十六日、天晴、披〔彼〕岸中日也予時也、

三色木
一、今日地下ヨリ兵衛尉・竹阿上也、竹阿弥ハクレミイロキモタせ下了、
一、緣秋來也、色〻物語畢、
林五郎衛門
一、林五郎衛門來、兵衛酒ヲノマせ了、佐渡來物語也、」
十七日、雨下、
（23ウ）
一、今日俊藏主來、物語在之、兵衛一盃ヲ進了、
飛鳥井雅親目を患ふ
一、晩影ニ飛鳥井柏木旁礼行也、目ヲわツラフ由ニテ無對面之、
高倉永繼夫人に招かる
一、藤宰相女中ヨリ使アル間罷也、酒在之、夜ニ入歸畢、
十八日、天晴、
一、今日地下ヨリ竹阿弥上、ヤカテ下了、弥六坂本へ下也、
一、俊藏主白地來臨也、佐渡來物語畢、
菊亭家被官諸公事宥免の事につき來る
一、諸公事ユウメンニツイテ菊第ヒクわン衛門府來、兵衛合了、
姉小路基綱言國の指貫借用
一、昨夕御礼申用トテ、予指貫可借用由申、アネ小路ヨリ使在之、
十九日、天晴、時〻雨下、
彼岸結願
一、今日披〔彼〕岸結願間、時ヲスル也、俊藏主來臨時ノケサヲカケラレ了、
（24オ）
一、緣秋來、予器〔ホカ〕ヲウムル也、其以後、雙調〻子、」鳥破・同急・春鶯囀颯踏・同入破・胡飲

酒破・酒胡子・武德樂、同樂畢、

廿日、天晴、

足利義政義尚父子と日野富子三十三間堂參詣

義政富子夫妻御同車

一、室町殿・同御方御所・御臺三十三間御參アリ、四〔七カ〕条タウチヤウ念仏ヲトリ御チヤウモント云々、

三十三間ニテ畠山（政長）インコンヲ申沙汰云々、室町殿・御臺御同車云々、御方御所御馬、

御所局へ土筆等を進上

一、今日俊藏主予ニ一盃ヲ興行也、御所局ヘ鶯竹《筭》・ツク〳〵シ一折遣也、

召により禁裏祗候

一、自　禁裏メサレ、晝程ニ祗候、色々御物語共在之、緣秋宮御方御稽古參也、御樂以後、

以予御器事共緣秋ニ被仰付了、

禁裏御持佛堂に花を立てさせらる

一、御持佛堂ハナヲ予ニ二ヘイタテサセラレ了、

天皇御前に於て勝仁親王言國御樂合奏

一、於御前、宮御方・予御同樂可申由間仕也、平調、三臺急・五常樂急・鷄德・太平樂急、

盤涉調、蘇合急・越殿樂・千秋樂、壹越調、胡飮酒破・武德樂等御供申也、

御酒を賜ふ

一、予御前ニテ御酒被下也、源大納言・源富仲等也、

新內侍局の病氣見舞に赴く

（24ウ）一、自　禁裏退出便ニ新內侍局歡樂由、サトヘ行尋了、」

一、佐渡來云々、

廿一日、天晴、坂本ヘ衛門二郎下了、

一、今日佐渡來、色々物語畢、

新內侍局の病氣見舞に赴き酒を給ふ
樂人を召し月次法樂御樂を習禮
下姿にて參內召によりそのまま祇候
禁裏御番
勝仁親王御樂御稽古
經師大夫に御雙紙綴ぢさす
禁裏御持佛堂に花を立てさせらる
後土御門天皇豊原緣秋を召し御樂奏せらる

一、俊藏主來、雜談在之、岩崎一盃興行畢、
一、新內侍殿モウキタツネニサトへ行也、酒給了、
一、用事緣秋朝臣・慶秋・景兼・季音ヲトヲメシ、今月之御樂ノシユライヲスル也、雙調〻子、鳥破・同急・颯踏・同入破・胡飲酒破・酒胡子・武德樂、〻以後一盃ヲ進了、
一、用事アリテ　禁裏下姿ニテ參、御前ニ御酒アリ、予參由キコシメシ、下姿成共可祇候由アリ、スノコマテ參、御樂ナトフカセラル、也、其マ、御所ニ祇候也、明日番間也、」

(25オ)

廿二日、天晴、執当上洛來也、□□外樣番衆所予逢也、
一、今日ヨリ当番也、緣秋朝臣宮御方御稽古參也、予申ツキ也、色〻御器事以予御所樣被仰付了、
一、經シ大夫メシ、、御双帋共トチサセラレ、予申付也、
一、御持佛堂ハナヲタテサセラル、也、予ニ也、
一、宮御方被遊御樂共、御前ニテ予御供申了、
一、長橋御局へ予メシ、、御酒給也、
一、緣秋朝臣以予可祇候由在之、則裝束ヲ着用參也、雙調御樂被遊也、春庭樂・胡飲酒破等也、予御前ニ祇候申也、

御雙紙校合以後勝仁親王と御樂合奏

一、宮御方・予御前ニテ御双帋校合スル也、当月御樂、校合以後宮御方御琴ニ予アわス也、
御前ニテ也、

廿三日、天晴、暮程ヨリ雨下、

禁裏御持佛堂前の蓮池と御庭の造作を奉行す

(25ウ)
一、今日御持佛堂前ニハス池ヲサせラレ、御庭モサせナヲサル、也、」予ニ奉行サせラル、也、

勝仁親王御樂御稽古

一、宮御方御稽古ニ四辻被參也、御樂共被遊畢、
一、御庭奉行ホネヲリトテ、女中メサレ御酒給了、
一、以量メサレ物サせラル、也、
一、源大納言陣屋ヨリ使アル間行也、酒在之、暮程ニ也、

伏見宮邦高親王明日法樂御樂を奏す

一、伏見殿明日御樂ニツイテ今夜御樂アリ、

廿四日、天晴、兵衛尉地下へ下云々、

御庭造作あり

一、今日モ御庭スル也、奉行予、

禁裏御法樂御樂所作の人々

一、御法樂御樂在之、九時分也、御持佛堂ニテ也、宮御方《琴》、伏見殿《ヒわ》、新大納言《笛》、四辻宰相中《コト》將、予《笙》、俊量朝臣《笛》、元長《同》、地下樂人兩人參、縁秋朝臣《笙》・慶秋《大コ》、兩人ウチイタニ祗候也、

言國申沙汰目錄を笛音頭に遣す

予申沙汰間、目錄ヲ書、笛ヲントへ遣也、雙調、鳥破・同急・颯踏・同入破・胡飲酒破・酒胡子・武德樂、殘樂三反也、鳥急、予・俊量朝臣《新大納言》殘也、胡飲酒破、縁秋朝臣《俊量》・縁秋

御樂以後伏見宮邦高親王酒宴を催す

（26オ）

朝臣殘也、」武德酒胡子、予・元長殘也、御樂以後、伏見殿御沙汰ニテインコン在之、三コンメニ伏見殿御シヤクニテメシイタシ在之、各御前ニ祇候也、地下樂人兩人ニモ御酒被下也、番衆キハニテ也、

禁裏御庭の樹木を賀茂より召寄す

御庭者に御酒を賜ふ

坂本執當坊公事の事申

一、御庭大カイ、テクル也、木松ナトカモヨリメシヨセラル、也、御庭者共ニ御酒被下了、

一、執当予ニ物申也、夜ニ入又執当ヤトへ罷、公事邊事申了、

廿五日、天晴、

豐原緣秋來り樂を習ふ

一、今日緣秋朝臣來也、黄鐘調平變〔蠻〕樂ヲ習カケ了、

一、佐渡・俊藏主來、色〻物語畢、

一、地下ヨリ衞門二郎上也、執当ヨリ鮒五出來、長橋へ遣也、

一、晩影ニ御所局ヨリ花フクロ二給也、

廿六日、天曇、晝大雨下也、

長橋局に禁裏朝飯會あり

來月月次御樂事坂本執當公事の事を奏聞

山科七郷公事

（26ウ）

一、今日朝飯汁長橋アリトテ使在之、予シヤウシノ間、中酒時分ニ參也、予沙汰也、此便ニ來月御樂事・」執当公事兩条奏聞申也、此歸路便ニ七郷公事申勸修寺所へ行也、則對面間、懇申了、

一、地下ヨリ彦兵衞尉上也、

琵琶法師太一座頭師弟來り平家を語る
大雨
稲妻雷
太一座頭の平家を聞く
豊原緣秋來り平鑾樂吹奏
庚申
召により參內
禁裏連歌御會興行
綾小路俊量一折執筆
言國二折より執筆
中山宣親頭中將拜賀
足利義政等細川政元亭に臨む
禁裏御庭用の蓮を坂本執當坊に仰せつけられ今日近江より献上さる

一、太一サトウシテシ（師弟）來也、此方ニテ夕飯ヲクヒ宿也、夜平家三句カタル也、酒ヲス、メ畢、
一、暮程ヨリ夜五時分マテ大雨、イナツマライ事外事也、
　廿七日、天晴、
一、今日朝飯中酒岩崎興行也、太一サトウ朝飯以後、平家又三句語也、晝カヘリ畢、
一、緣秋來也、平變（鑾）樂吹ハテ畢、
一、執当來臨也、セイロウニテ一盃ヲ張行スル也、緣秋モ在之、
一、今夜庚申トテ自　禁裏メサル、也、若衆云々、四辻（季經）宰相中將・新宰相中將（三條西實隆）・予同道七過時分ニ參也、御連歌在之、暮程ヨリハシマル也、御人數、宮御方・伏見殿・四辻宰相中將・新宰相中將・予・俊量（綾小路）朝臣・元長・源富仲（五辻）等、一折俊量朝臣執筆、二折ヨリ予執筆也、
夜アケハナレテハテ畢、」
（27オ）
　廿八日、天晴、中山今夜頭中將拜賀在之、侍一人・隨身三人・シヨホク一人・小雜式（色）三人メシクセ了、
一、今日樂吹也、ソウメイ（細川政元）ヘ御ナリアリト云々、
一、俊藏主來了、地下ヨリ白酒ヲ兵衞メシヨセ予進了、
一、江州シナヨリ執当ニ被仰付ハス上由、執当方ヨリ使ノアル間、則予下姿ニテ參、其由申入也、御庭ヘモタセ可參之由間、モタセ參也、早々參御悦喜由被仰也、予裝束着ヤカ

禁裏紅梅滿開女中申沙汰の酒宴催さる十度飲御人數

テ可祗候由被仰下間、シヤウソクヲメシヨセ參也、紅梅サカリ間、女中御申沙汰御酒在之、十トノミ在之、御人數、宮御方・伏見殿・大典侍局・權典侍・新大納言典侍・東御方・勾当內侍・御アチヤ〳〵、男衆、滋野井前宰相中將（教國）・正親町宰相中將・新宰相中將・予也、御酒半ニ舊院上﨟・源大納言被參也、下ケイシモリ富ヲメシウタハセラル、也、十トノミ以後未御大酒也、予夜フクル間、退出了、

下家司に謡はせらる

廿九日、天晴、

一、今日俊藏主來臨也、予樂少〻吹畢、

備中國より智阿彌上る

（27ウ）一、備中ヨリ智阿弥上畢、

一、藤宰相女中ニ夕飯アリテ行也、夜ニ入カヘリ畢、

（28オ）

# 三　月

一日、天晴、

朔日祝

一、今日祝着如恒、目出〻〻、

樂人等山科家に祝に來る

一、景益(山井)・緣秋(豊原)朝臣・慶秋・佐渡・林五郎衞門礼來也、佐渡予前ニテ酒ヲ進也、林五郎・兵衞ヘヤニテ酒ヲ進云々、

山科家の敍爵は三歳
言國長子の加冠勅許さる
名字を教康と定む

一、当家ニハ三歳ニテ爵申間、エホシ名字ヲ如此定、以甘露寺爵事申也、則左少弁元長奏聞、無相違チヨンキヨナル(ア)ト云々、目出了、名字教康定也、

禁裏朔日祝に參內
豊原緣秋御尋の笙管持來る
資益王蓬萊の銘ある笙を返獻奉る

一、晩影ニ御祝ニ參內申也、御尋ノ笙ノクわン緣秋朝臣尋出持來之条、其持參松風竹ヲ予ニサセラレ御覽アリ、シサイモナキ也、メンヲカルヘキ由也、伯二位(資益王)アツカリ申候御器ホウライ返上仕由御物語在之、予ハイケンサセラル、也、平調々子カシラ吹ミル也、近比ヨリナル御器由申入也、

禁裏御庭花御覽皇子近臣女中に和歌を詠ましむ

一、御庭花ニ御所様(後土御門天皇)・伏見殿(邦高親王)・宮御方(勝仁親王)・女中・番衆・近身一首ツヽ、ヨマセラル、間、予モ可詠之由被仰間、如此仕也、近比面白由被仰也、」(28ウ)

言國詠歌

池水ニ影をうつしてさく花の影(梢)もあまた色そえならぬ

則御所ニテ清書仕了、

一、東御方御局ヘ御礼ニ參也、御酒給也、

禁裏朔日祝宴天酌
祇候人々

一、御祝夜ニ入在之、如常テンシヤクメシ出也、祇候方々、源大納言(庭田雅行)・兵部卿(松木宗綱)・民部卿(白川忠富)・四辻宰相中將(季經)・万里小路兒(賢房)・予・元長・菅原長胤、

後土御門天皇言國長子の敍爵を勅許され目出仰せらる

一、御所樣ヲサナキ者爵チヨンキヨ也、目出ヲホシメス由被仰下、祝着了、

一、御祝以後、伏見殿御退出也、予・源大納言・兵部卿同道退出了、

二日、天晴、

一、今朝地下ヘ衞門二郎下也、ヤカテ上畢、智阿地下ヘ下也、

竹阿彌

一、竹阿弥地下ヨリ上、ヤカテ下也、俊藏主來畢、

豐原緣秋言國をして奏上せんとする

一、緣秋朝臣以予　禁裏申事アリテ兩度來了、

一、黃鐘調樂少〻吹畢、

一、執当來臨也、夕飯汁ヲ此方ニテ興行スル也、色〻物語畢、

三日、天晴、

桃花節供

一、今日祝着如恒、目出〻〻、俊藏主此方ニテ時ヲ參了、

一、衞門二郎地下ヘ下也、晩影上了、

(29オ)

豐原緣秋祝に來る
百日間樂吹奏を決める

一、緣秋朝臣礼來、桃季〔李〕花一帖吹也、自今日百日可吹心中ニテ、平調〻子、万歲樂・三臺急・甘州・五常樂急・鷄德吹畢、

一、礼ニ來衆、佐渡・林五郎左衞門・淸水左京助・岡、

禁裏節供祝
天盃　天酌

一、晩影ニ御祝ニ參內申也、夜ニ入御祝參也、テンハイ・テンシヤク如恒、御祝ニ祗候方〻、

祇候人々

新大納言（四辻季春）・源大納言（庭田雅行）・按察（甘露寺親長）・兵部卿・滋野井前宰相中將（教國）・民部卿・正親町宰相中將（公兼）・四辻宰相中將（季經）・新宰相中將（三條西實隆）・万里小路兒・予・元長・源富仲（五辻）・菅原長胤、御祝退各同道退出畢、

播磨國揖保庄より長夫上る

一、幡磨（播）イホヨリ弥六・長夫上了、

北野社法樂詠進和歌を清書し送る

苗代

一、今朝北野法樂詠歌清書遣也、三条興行也、如此、苗代、

小山田にしめう地はへてしつのおるなハしろ水をいまやせくらん」

（29ウ）

見戀

見戀

いとゝ猶庭にはならぬ花よりもめにのゝかゝるこすのひま哉

一、智阿弥地下ヨリ上了、

四日、天晴、

平調樂黃鐘調樂を吹奏

一、今日弥六地下へ下也、平調、春楊柳・小娘子・郎君子（老、下同ジ）・林歌、黃鐘調樂少々吹畢、

碁

一、高橋來也、兵衛尉（大澤重致）トコヲウツ也、一盃を進畢、

五日、天晴、

一、今日掃部助（小川重有）地下へ立歸下了、衞門二郎坂本へ下也、晩影ニ上也、俊藏主來了、

雙調樂吹奏

一、雙調々子、鳥破・同急・颯踏・同入破・賀殿急吹畢、

山科七郷柴公事を禁裏披露
廣橋家を訪問す

(30オ)
一、就七郷柴公事、下姿ニテ禁裏參、以長橋披露スル也、」民部卿局ニテ酒在之、
一、暮程ニ廣橋(兼顕)へ罷、留寸(守、下同ジ)也、

六日、天晴、

一、今日兵衛尉地下へ下也、智阿弥同之、兵衛晩影上了、

雙調樂黃鐘調樂吹奏

一、雙調樂・黃鐘調樂吹畢、

非時食

一、俊藏主來、此方ニテヒシ在之、中酒ヲ俊興行畢、

伏見宮邦高親王に召さる
御樂聞かせらる
今出川教季樂御稽古に參る

一、晩影廣橋所へ行留寸也、自伏見殿御使アル間參也、平調、三臺急・五常樂急御笙ニテ被遊キカセラル、也、予ニ又鷄德ヲ御習アリ、則申入也、又菊第(今出川教季)御稽古ニ被參也、予ニハ女中ニテ御酒被下了、

七日、天晴、

禁裏御番

一、今日ヨリ当番也、四時分ニ參、樂吹畢、

豊原緣秋禁裏御番に祗候

一、御稽古ニ緣秋朝臣參也、予申ツキ、御稽古間予御前ニ祗候了、」

(30ウ)
一、長橋局ニテ予ニ御女房、、チヤ酒ヲ興行了、

禁裏御前にて八雲御抄校合

一、於御前按察(大、下同ジ)・予兩人御双帋校合スル也、夜ニ入マテ也、八雲也、

大典侍局にて酒給ふ

一、太典侍局ニテ酒アリトテ予可來由也、白地に罷了、

經師大夫に御雙紙綴ぢさす

一、經シ大夫參、御双帋事被仰也〔付〕也、

一、兵衛今日坂本へ下了、

禁裏御持佛堂に花を立つ

一、御持佛堂ハナ二ヘイタテサせラレ畢、

八日、天晴、

經師大夫祇候御雙紙事仰せ付く

一、今日經シ大夫祇候、以予御双帋共被仰付也、

飛鳥井雅康に禁裏御庭蓮池を見せる

一、予ウケタマわりニテ飛鳥井（雅康）所へ外二被書也、則持參也、下姿也、御庭ハス池ミせサせラル、也、予承也、

勝仁親王樂御稽古に豐原縁秋祇候

一、宮御方御稽古縁秋朝臣參也、ヒタ、レ也、御ケツリノ間、先退出サせ畢、予申ツク也、

八雲御抄校合

一、按察番代ニ源大納言祇候也、於御前、宮御方・源大納言・予御双帋校合スル也、

長橋局に酒を給ふ

一、長橋暮程ニ酒ヲ給也、夜ニ入源大納言ヨリ使アル間、陣屋へ行也、酒在之、」(31オ)

九日、天晴、

一、今日按察番代ニ正親町宰相中將（公兼）祇候也、

地下下向の餞に御末衆女官共に酒を飲まさる

一、予地下へ下ヘキハナムケトテ、民部卿・御スヘノ衆・女官共予酒ヲス、メ畢、

八雲御抄校合
御料所

一、於御前御双帋ヲ校合也、勸修寺（教秀）・廣橋御料所ニ祇候也、

一、御タイクヲメシ、御庭ハス池ノマせヲサせナヲシ畢、

豊原縁秋御樂御稽古に祗候

一、縁秋朝臣御稽古ニ參也、申ツ（キ脱）正親町也、

禁裏月次法樂會興行

一、宮御方、予御樂同道畢、

一、一昨日七日月次法樂御樂モヨソシヲスル也、如此、

散狀

折帋如常
來十九日・廿五日兩日間、可有法樂御樂、九時分可令參仕給之由、內々被仰出也、

中御門宣胤十九日は未だ服中と申す

三月七日
四辻殿奉　中御門殿（宣胤）來十九日未服中候、廿五日者可祗候也、
御方四辻殿奉　綾小路殿（俊量）奉
御方（元長）甘露寺殿奉

（31ウ）

御法樂目錄

御法樂目錄
桃季（李）花一帖只拍子　喜春樂破　海青樂　拾翠樂急　平變（蠻）樂

舞立

舞立
左
万歲樂　右　地久

十日、雨下、

廣橋兼顯邸の朝飯會に赴く
吉田兼致
大宮長興
當座三十首續歌和歌會
言國詠歌

一、今日朝飯アリテ廣橋所へ行也、勸修寺・庭田・源大白川・西川（房任）・飛鳥井・民部卿・アネカ小（基綱）路・高辻（長直）・小倉（季熈）・予・勸修寺弁（政顯）・吉田藏人（兼致）・長興（大宮）シク（ス）ネ・ヤクイン師長シケ・師富（中原）等也、朝飯以後、当座一續在之、三十首也、予詠歌如此、

苗代

千町たになハしろ水をまかせてやしつか心のひまなかるらん

別戀

わかれてのしるし又ねの度とハに面影うへてのこる月かけ」（32オ）

幕府奉行人來る

歌時分ニ武（奉）行、フせ（布施英基）・飯尾和泉・清泉（貞秀）・飯尾加賀（爲信）也、

披講あり 讀師 講師

ヒカウ在之、トクシ勸修寺・カウシ勸修寺弁・ハンせイ飛鳥井也、ヒカウ以後三コン在之、大酒修（終）日在之、各夜五時分カへリ了、

一、縁秋朝臣來云〻、

山科下向のため三條西實隆邸へ方違に赴く

一、明日地下へ可下カタ、カヘニ三条西へ所（マヽ）へ行也、留寸ナリトイへ共、御局サカ月ヲ被出了、

十一日、天晴、

山科へ下向す 地下人馬迎へに來る

一、今日地下ヨリ予ノルヘキ馬迎ニ地下人若衆共來也十五六人來也、兵衛・少輔（頼久）・智阿弥ハ坂本衆共也云〻、

苦竹進上

一、被仰下ニカ竹二本、地下ヨリメシヨせ進上了、

一、佐渡來也、予中酒ヲわケ畢、

言國供衆

一、九時分ニ地下へ下也、供、左衛門《坂田資友》・掃部・雑式彦二郎・弥六ヲト、ヒ、其外地下衆二十人計供也、八時分ニ下ツキ也了、

坂本より荷着く

(32ウ)一、坂本ヨリモ其時分ニ各被下也、コシ三チヤウ・荷三十カ」計也、

一、先コツアわニテ祝在之、以後夕飯也、目出度了、

一、長拾坊メシ、予サカ月ヲノマせ畢、

十二日、天晴、

山科大宅郷おとな禮に參る
大澤久守對面
大宅郷政所等に酒を與ふ

一、今日当所之ヲトナ三人、予下ノ礼申也、各樽ヲ進也、長門守《大澤久守》對面也、其皆同之大酒ニナル也、京都ヨリ俊藏主被來《下》也、ヲトナ歸以後予出也、大酒也、マン所衛門・カウシヤ衛《三》郎衛門・ヒコシチ等ニ予シヤクニテノマせ畢、長拾モ出了、

養倶庵

一、養倶庵礼ニ來也、予對面了、

十三日、天晴、

一、今日左衛門尉坂本へ下也、掃部京へ出畢、

南洞院房實來訪

一、智阿弥ヲ南洞院《房實》迎ニ三井寺へ遣也、則南洞院來臨也、」

言國家司等を代官として法住寺へ參詣せしむ

(33オ)一、長門守・兵衛・少輔ホウチウシへ參也、予タイクわン也、今月御年ンキナリ、如毎月念佛在之、

一、サイ方へ当所ノヒクニ兩人女房共礼ニ樽出云〻、サイ方タイメンシ酒ヲノマせ了、
一、南洞院・長門守、予▩アル所ニテ酒ヲ進畢、

大澤久守山科大宅郷政所等を饗應す地下若衆に酒を與ふ

一、カウシヤ・マン所ニ夕飯ヲ長門守クわスルト云〻、
一、夜ニ地下若衆ニ酒ヲノマスルト云〻、

十四日、天晴、

一、今日智阿弥イトマヲコイ坂本へ下也、スクニ京へ上云〻、

樂を吹奏す

一、樂吹也、黄鐘調少〻了、

山科郷社の巫女酒樽持來る

一、当社ミコ礼ニ樽持云〻、サイ方合也、予アル所ニテモ南洞院ナト、酒在之、

十五日、雨下、

京都へ日歸りで人を遣す

一、今日京都へ人出也、日歸云〻、」
(33ウ)
一、クソウノ三位礼ニ樽持來云〻、酒在之、

常祐十七年忌寫經

一、來月六日シヤウユウノ十七年キ也、其爲各經ヲカ、スル也、予三巻自今日書也、

十六日、天雨下、

一、今日俊藏主京へ被上也、弥六上欤、

豐原統秋來り今度法樂の御樂を吹奏す

一、豐將監統秋來也、黄鐘調、桃李花一帖只拍子・壽〔喜〕春樂破・海青樂・拾翠樂急・平變〔蠻〕樂、舞

夜深まで雜談

大澤重致上京し暮に下る

豐原統秋と樂を吹奏す

當座和歌會を興行
言國巻頭に詠ず
松間花

松間躑躅
人に代りて詠ず

豐原統秋坂本へ歸る

智阿彌奈良へ下る

立万歳樂吹也、舞立樣万歳樂半帖習了、

一、夜深マテ各雜談在之、統秋宿了、

十七日、天晴、

一、今日兵衞尉用事アリテ上畢、暮程ニ下也、智阿同之、

一、樂共吹也、統秋此方事也、三郎兵衞樽ヲ進也、則酒在之、酒以後遊□ニ出也、南洞院・豐將監・長門守・少輔・長拾等也、」

(34オ)

一、統秋タマ〳〵此方事□一續興行スル也、予詠歌如此、

巻頭
松間花

をのつからちりうせすして松のはにましれる花のさかり久しも

松間躑躅是ハ人ニカハリテ詠也、

つゝしさく松の木のまハさなからにしきたつたのやまの紅葉は

一、宵程各物語也、統秋宿畢、

十八日、天晴、

一、今日豐將監坂本へ歸也、兵衞尉京都へ上畢、

一、智阿弥暇乞ナラヘ下也、夜ニ入酒在之、長拾持來□□ヨリ歟、

一、黃鐘調樂少〻吹畢、
十九日、天晴、
一、今日平調樂・黃鐘調樂共吹畢、
樂を吹奏す
一、ヤウク庵樽色〻持來也、夕飯ヲ此方ニテサタナリ、予モ出ナリ、
養俱庵來る
(34ウ)
一、衞門二郎下也、ヤカテ上畢、
一、江州津田方鮒・樽送タフ也、
近江津田某より酒鮒を贈らる
一、自今日予四十八日シヤウシ也、五月八日東林院(山科顯言)十七年ノタメ也、一盃也、百万反念仏申」也、法華經自今日筆立畢、
東林院十七年忌のために今日より四十八日精進す
法華經寫經
廿日、天晴、
一、今日禁裏へ御樽・鮒十進上也、明日可上洛御ミヤケ了、
禁裏へ御酒と鮒を獻上す
一、シヤウヱキ僧來云〻、
一、予樂少〻吹畢、
一、明日可上迎ニ兵衞・左衞門・掃部下也、石崎モ下也、
廿一日、天晴、
一、今日京へ上也、其便ニ清水へ參也、供兵衞・左衞門・掃部・岩崎等也、
上洛
途中清水寺に參詣

禁裏へ岩梨を献上

一、九〔八〕時分ニ京へ上ツク也、禁裏岩梨一籠進上了、」

（35オ）

一、俊藏主來臨了、

　廿二日、雨下、

禁裏御番

外様番衆所にて御雙紙校合

御樂稽古に豊原縁秋參内

言國御酒賜ふ勾當内侍御酌

後土御門天皇御前にて御樂亂碁をなす

一、今日ヨリ当番也、予ウケトリニテ早朝ニ參了、

一、外様番衆所ニテ御双帋校合也、予モスル也、御前ニテ伏見殿・按察・予仕也、

一、縁秋朝臣御稽古參也、黄鐘調樂共被遊也、予モ御同樂申入也、伏見殿モ御ヒわ被遊也、

一、御前ニテ予ニ御酒被下也、勾当御シヤクニテ也、按察モ祇候也、

一、夜深マテ御前ニ祇候也、伏見殿御笙被遊也、御樂以後、太典侍局・勾当・伏見殿・予、ランコヲ御シヨウフニヒロわせラル、也、伏見殿・予マケ也、」

（35ウ）

　廿三日、雨下、

後土御門天皇に御繪詞を書かせらる

御樂稽古に豊原縁秋參内

勝仁親王邦高親王も奏される

一、今日予ニ御繪詞カ、せラル、也、

一、縁秋朝臣御稽古ニ參也、四辻宰相中將・俊量朝臣ヲメサレ御樂被遊也、宮御方・伏見殿モ被遊也、黄鐘調、桃李花一帖只拍子・喜春樂破・海青樂・拾翠樂急・平蠻樂、舞立左万歳樂、右地久御樂奏アリ、數反被遊也、縁秋朝臣大コヲウツ也、舞立右物時、三ツ、ミウツ也、

夜再び御繪詞を書かせらる

一、御前ニテ夜又御繪詞予書也、左少弁按察番代ニ參、是モ御繪詞書也、

一、晝御樂以後、四辻宰相中將・予・俊量朝臣ニ御前ニテ御酒被下也、

春日社法樂和歌を清書し四辻方へ送る

一、四辻春日法樂歌如此淸書遣也、嶋瞿麥・變戀、

なてしこのさけるまかきの嶋よりハちりをもすへてさそなみるらん

たのめつる雪よりさきの玉つさにかハることハを見るもうらめし

廿四日、雨下、」

勝仁親王等と共に御繪透寫しさせられる

（36オ）一、今日御前ニテ、御繪ヲ伏見殿・宮御方・權典侍・予ニスキウツシニサセラル丶也、

豊原緣秋參り御樂稽古　勝仁親王先に御稽古す

一、緣秋朝臣御稽古參也、明日御樂共被遊畢、御所樣以前ニ先宮御方被遊、以後御所樣被遊也、

樂器を調べさす

御前ニテ御器物ヲ緣秋ニシラメサセラル丶也御覽アル也、

亂碁勝負あり

一、先夜ノランコノ御シヨウフアリ、伏見殿柳メシヨせラル丶也、予ハ一銚子・一色進上也、

夜ニ入マテ御酒在之、

明日法樂御樂時刻を所々へ通知す

一、明日御樂可有四時分由、如此方〻へ申遣了、

〔折帋〕明日御樂可有四時分〔御方〕之由候也、

四辻殿・中御門殿・四辻殿・綾小路殿・甘露寺殿、各奉了、

廿五日、天晴、

法樂御樂奉行
禁裏御持佛堂に御樂場鋪設
後土御門天皇御持佛堂に御成り
樂器言國持參
各座につく
公卿御持佛堂の內殿上人馬道に圓座を敷く
所作の人々と樂器
後土御門天皇笙を遊ばさる
目錄巡覽の後笛音頭の前に置く
殘樂
聽聞の人々
御樂以後樂人申沙汰宴あり
大御酒

一、今日御樂奉行間、御番マヽ、祗候スル也、」(36ウ)
一、御樂アルヘキ御持佛堂ヲコシラヘ了、地下ニ三人可參也、
一、剋限ニ各祗候也、則御所樣御持佛堂ヘ御ナリアル也、御器予持參、御ツヽラノフタニ入也、旅祢・ホウライニテ被遊也、宮御方・伏見殿ヤカテ御參アリ、次各參、座ニツク也、公卿御持佛堂ウチニ祗候、殿上人メンタウニ円座ヲシキ祗候也、地下ウチイタ也、

笙

御所作・兵部卿・予、笛俊量朝臣・元長、ヒチリキ季繼、箏宮御方・新大納言・四辻宰相中將、ヒわ伏見殿、カンコ緣秋朝臣、大コ慶秋也、右物時緣秋サンノツミ、予目錄ヲ新大納言ニ遣也、次第一見、笛ノヲントノ前ニヲカルヽ也、」(37オ)

黄鐘調

桃李花一帖只拍子・喜春樂破・海青樂・拾翠樂急・□□平蠻樂、舞立左万歳樂、右地久、ヲント兵部卿ニ御ヨタツアリ、舞立ヲント御所樣御サタアリ、海青樂御所樣御殘樂、平蠻樂兵部卿殘樂也、御殘樂時笛俊量、兵部卿殘之時笛元長也、地久忩ニ俊量又殘了、源大納言・按察・民部卿チヤウモンナリ、景兼・景益庭上ニテチヤウモン也、無爲過了、御樂以後、樂人各申沙汰也、御銚子ヒサケ・一色各進上也、大御酒ニナリ夜ニ入マテ御酒

來月法樂御樂演奏目錄を定めらる

アリ、御樂共少〻在之、宮御方モ御笙被遊也、來月御樂御目錄只今サタメラル、也、如此、

大食調

　大食調

舞立

　舞立、左　陵王　右　納蘇利

打毬樂御拍子・太平樂破・同急・輪鼓禪〔褌〕脱・長慶子、

（37ウ）

　廿六日、天晴、

一、今日下坊主來臨也、酒ヲ進畢、

豐原緣秋御樂無爲の禮に來る

一、俊藏主來臨也、佐渡モ來也、緣秋朝臣昨日御樂ノ礼ニ來了、弥四郎使ニ來了、

花山院政長より笋刀借用

北畠政宗元服に用う

一、花山院（政長）ヘタカウナカタナヲ借用スル也、北畠（政宗）元服用トテ藤宰相被申間也、

一、飛鳥井ヘ不動院万歳ノトフライニ行也、禁裏ヘ下姿ニテ參、物ヲ申也、其使に藤宰相ヘ行也、彼刀ヲ持罷也、女中ニ一盃在之、

廣橋邸を訪ふ公家衆宴會あり

三十首續歌會あり

一、用事アリテ廣橋ヘ罷也、テンホリ・ヲ（轉法輪三條公敦）、イ（信量）御門・菊第（今出川教季）・トク大寺（實淳）・花山院、柳ヲ持來トテ、予ヲトメラル也、一盃間色〻申トイヘ共、ヨクリウノ間ゐル也、一續在之、三十首也、予歌如此、カナ題也、

言國詠歌假名題

　はるのはて　人をうらむる

（38オ）

かすみてもしハしはのこれわかれ行春のなこりの有明の月

つれもなき人の心よくすかつらくりかへしても猶やうらゝん

酒半にヒカウ在之、トクシ大イノ御門、ハンせイヲカネラル、カウシアネカ小路也、夜アケ方ニ各歸畢、

披講あり

一、地下ヨリ少納言上也、眞如堂カネイ見物ノタメ云々、

眞如堂の鐘鑄見物に少納言來る

廿七日、天《ミ》晴《ミ》雨下、

一、今日俊藏主朝飯汁興行云々、

一、自禁裏兩度御使アリテメサル、トイヘ共、モウキノ間、他行由申不祇候、緣秋來畢、

一、自民部卿方來月二日宮御方御參社事、可存知由申モヨヲシ在之、旁故障由申畢、

禁裏より召さるるも朦氣の爲他行と稱して祇候せず　勝仁親王四月二日御社參の觸あり

一、五十嵐上也、ヤカテ下了、」

（38ウ）

廿八日、天晴、

一、今日用事アリテ地下へ下也、迎ニ智阿・竹阿、馬上也、則下也、供左衞門・掃部以下也、

山科七郷へ下向す

兵衞歡樂間▒《メ》▒《シ》クせス、

一、智阿弥坂本へ下了、爲東林院書法華經一巻ノコリ書ハテ畢、

東林院十七年忌の爲法華經書寫

廿九日、天晴、

一、今日左衞門尉・掃部京都へ上畢、
一、長拾ユトウ持來也、
一、自今日二巻書始了、

卅日、天晴、

一、今日朝飯ヲマン所衞門沙汰也、式部下也、シヤウヱキ僧來也、

祭禮裝束借用

一、左衞門下也、明日此方祭装束共借用、左衞門下了、
一、少納言京ヨリ下也、智阿坂本ヨリ越了、
○第三十九紙白紙、」

（40オ）

四月小

一日、天晴、

一、今日祝着如恒、目出〻〻、

山科郷祭禮神主に装束を貸す

一、当所祭也、神主此方ニテ着装束也、ソクタイ也、袍カフリ、予借也、裾廣橋（兼顯）ニテ借用遣

言國長子猿菊丸祭禮を見物す
內祭酒
法華經第二卷書寫す
祭禮の借用物を返濟に人を京へ遣す
樂吹奏
坂本の豐原統秋へ使を遣す
大澤重致かぶれ病ひ
法華經第三卷書寫す
般若心經讀誦

也、ウヘノハカマ吉田藏主(マヽ)ニテ借之、甘露寺(親長)ニ大カタヒラ同之、
一、八過時分サイレイ也、猿菊(山科定言)各見物ニ罷出云々、予ハ斟酌不出也、
一、內祭酒在之、目出了、
一、勸修寺、尊院タンコ來也、予ハ不對面、長門守(大澤久守)長酒ヲ進也、
一、法華經二卷書ハテ畢、ヤカテ三卷筆立畢、
二日、天晴、
一、今日京へ借用物共持人上了、
(40ウ)
一、三郎衛門ニ夕飯アリテ長門守各罷也、予女中以下ヘハ飯ヲ送畢、
一、樂吹畢、
一、自坂本少輔(賴久)下畢、
三日、天晴、
一、今日智阿弥使に坂本へ遣也、豐將監(豐原統秋)所也、
一、左衛門(坂田資友)使に上也、少輔上也、兵衛(大澤重致)カフレ尋候也、シヤウヱキ僧ゐ中へ下トテ上洛了、
一、三卷書ハテ畢、
一、如每月心經在之、予三百卷也、

四日、天晴、

大澤重致の病氣見舞に山科大宅郷政所等上洛し聽て下る

一、今日智阿弥歸了、兵衞カフレニツイテ京都へ五十嵐・三郎兵衞・マン所(□)衞門上云ゝ、ヤカテ下了、」

(41オ)

豐原統秋を召し樂を習ふ

一、統秋メス間來也、大食調ゝ子太平樂破習カケ了、

寫經を結立つ

一、長拾來經ヲユイ立也、明後日タメ也、

五日、天晴、

一、今日京都ヨリ少輔下了、

統秋に樂習ふ太平樂輪鼓褌脱

一、統秋に太平樂破習ハテ了、夜ニ入□(調カ)子又習也、輪鼓褌脱習ハテ畢、

常祐十七年忌逮夜に比丘尼僧來る

一、明日常祐十七年キ也、タイヤニ比丘尼六七人、僧三人來也、ツトメ以後スイ物ニテ酒アリト云ゝ、長門出也、

六日、天晴、

常祐十七年忌僧衆比丘尼衆齋粥に集る山科大宅郷おとな參會

一、今日常祐十七年佛事也、当僧衆・比丘尼衆時カユニ來也、時カユノ間ニ五巻各ヨマル、

(41ウ)

也、当所ヲトナ」共時來云ゝ、今日一日風呂在之、予モ入也、

飯尾爲信母死去し大澤久守悔みに上洛す

一、飯尾加賀(爲信)老母万歳云ゝ、就其長門守上洛也、少輔モ上了、

豐原統秋に樂を習ふ

一、統秋打毬樂只拍子習畢、其外樂共吹了、

一、今日モ統秋逗留也、大食調〻子打毬樂・太平樂破・同急・輪鼓褌脱・長慶子、舞立、音取陵王吹畢、

和歌を詠ず

餘花

待時鳥

寄山戀

一、晩影歌興行スル也、歌愚詠如此、

餘花　待時鳥　寄山戀

春ハ又梢あまたにみしよりも一木えならぬおそ櫻哉

時鳥たにいたつらにねすもあらすねもせて夜半や待あかさなん

いつまてか人に心をつくはねのやますくるしき思ひならまし

一、夜又樂吹畢、」

七日、天晴、

（42オ）

豊原統秋京都へ上る

一、今日豊將監統秋京都へ上畢、

一、京都ヨリ弥六上《下》也、晩影ニ五十嵐・弥六・小四郎等畢（マヽ）、兩三度昨日樂共吹畢、

法華經第四巻を書寫し終る

一、法華四巻書ハテ畢、ヤカテ五巻筆立畢、長拾小ユトウヲ長門留寸（守、下同ジ）事トテ持參也、

禁裏當番なれど病氣と稱し相博す

一、自今日当番也、旁故障間、歡樂之由申相博スル也、七日《今日》滋野井（教國）、八日松木（宗綱）、九日正親ニ相博了、

八日、天晴、

一、今日兩度大食調樂吹畢、

大澤久守等京都より下る

一、長門守・少輔京都下也、俊藏主モ同道被下也、

九日、天晴、自晩影雨下、

(42ウ)

山科大宅郷政所母所の法事あり山科家男衆女房衆に齋粥を贈る

一、今日二郎衞門母所ニテ故直僧七年キトテ佛事アリト云〻、予男衆・女房衆コト〱クヘ時カユヲ送也、当所者共コト〱ク時にヨフト云〻、風呂モ在之、

一、衞門二郎京へ上也、

法華經第五巻を書寫す

一、五巻書ハテ畢、

一、景覃《タン》ヒノヨリ上、此方へ下也、

大食調樂吹奏

一、大食調〻子打毬樂只拍子・太平樂破・同急・輪鼓褌脱・長慶子、舞陵王吹畢、

十日、雨下、

一、今日俊藏主京都へ被來了、

一、衞門二郎日歸に下了、

一、樂吹畢、

(43オ)

僧景覃より土産をもらう

一、ケイタン予ニミヤケトテソヘコヲ進也、

十一日、天晴、時〻雨下、

一、今日ケイタン上洛也、同道僧同之、

一、朝飯中酒ケイタンミヤケトテ在之、

産所

一、サイ方サン所へ出也、晝過時分ニタンシヤウシ、女子也、

法華經第六卷書寫終る

一、六巻書ハテ畢、

大食調樂吹奏

一、大食調吹也、

十二日、雨下、

一、今日京都ヨリ弥六下也、今朝上了、

大食調樂黄鐘調樂吹奏

一、大食調樂・黄鐘調樂吹畢、

一、夕飯中酒長拾庵沙汰也、一興〱、

(43ウ)

十三日、雨下、

山科家家人彌六播磨國へ下る

一、今日弥六京都へ上也、スクニ播磨へ下云々、

一、兩度樂吹畢、

月次念佛會

一、毎月之念佛在之、

十四日、天晴、

大澤久守藥を調合す長命丸

一、今日長門守長命丸アハスル也、予モクわンスル也、

甘露寺元長より山科定言叙爵口宣案を傳達さる
定言初名は足利義教の名字

一、京都ヨリ衞門二郎下也、ヤカテ上也、自甘露寺此便宜ニ猿菊丸爵之口宣案下也、名字先度其例ヨクモナシ、又普廣院(足利義教)御名字之間、武家ヘ披露處に御ソキモナキ由間、定言サタムル也、口宣案如此、

後土御門天皇口宣案
山科定言従五位下に叙せらる

上卿　日野中納言(町廣光)
文明十年三月一日　宣旨
藤原定言
宜叙従五位下、
藏人左少弁藤原元長奉

(44オ)

一、夜ニ入樂共吹畢、

十五日、天曇、

法華經第七巻書寫終る

一、今日七巻書ハテ畢、
一、京都ヨリ掃部助(小川重有)下也、
一、夜ニ入樂吹了、

十六日、雨下、

日吉山王祭
山科定言は坂本の生誕

一、今日山王祭云々、猿菊坂本ノウマレノ間、内マツリニ酒在之、目出了、

賀茂祭

月次御樂の樂を吹奏

京より迎者下る

歸洛
供衆

豊原統秋來り禁裏月次御樂延期を語る

參內して勾當局を介し御樂事を披露す
御心氣により廿五日に延引仰せらる

豊原統秋坂本より上京

(44ウ)
一、智阿弥坂本へ下了、
一、夜ニ入樂吹畢、
　　十七日、天晴、
一、今日智阿弥坂本ヨリ歸了、
一、賀茂祭云々、京都へ小四郎上也、立歸了、
一、樂共吹也、來十九日御樂共也、
　　十八日、天晴、
一、今日早旦ニ京ヨリ迎ニ竹阿弥・衞門二郎下也、
一、五過時分ニ京へ予上也、供少輔・掃部・智阿・五十嵐・何阿、其外チウケン者也、予馬
也、四過時分ニ上付了、」
(45オ)
一、(豊原)縁秋朝臣來也、明日御樂延引由物語也、
一、(邦高親王)伏見殿へ參也、明日御樂廿五日延引由被仰也、
一、禁裏下姿ニテ參也、御樂事披露也、以勾当申入也、御心氣ノ間廿五日御樂延引由被仰也、
猶禁中四辻宰相中將(季經)・左少弁(甘露寺元長)參會、御樂延引予申也、其外方々へハ以使申了、
一、統秋坂本ヨリ上來也(間)、晩影ニ慶秋・景兼・季繼メシ、樂奏スル也、大食調、打毬樂只拍子

樂人を召し御樂奏せらる

・太平樂破・同急・輪鼓褌脱・長慶子、舞立、陵王也、樂以後一盃ヲ興行畢、
一、俊藏主來臨了、暮程ニ佐渡來色〻物語也、」

（45ウ）

十九日、天晴、
一、今日樂フキ畢、
一、五郎左衞門來也、

去月元服の北畠政宗祝に赴く

一、去月廿八日北畠(政宗)元服云〻、予暮程ニ礼ニ行也、太刀金遣也、若王寺ニ也、

廿日、天晴、

北畠政宗返禮

一、今朝北畠礼ニ被來也、太刀金持來也、

勝仁親王御樂御稽古に祇候

一、源大納言(庭田雅行)番代ニ祇候也、宮(勝仁親王)御方御稽古ニ縁秋朝臣祇候也、御モウキ間出也、予申ツキ、

下坊主來る

一、陣屋へ今朝下坊主來、スコク物語畢、

花山院政長笙始

一、花山院(政長)笙始云〻、師匠縁秋朝臣也、

外様番衆所にて冷泉爲平千首和歌雙紙を校合す

一、外様番衆所ニテ予ウケタマハリニテ爲平(冷泉)卿千首之双帋校合畢、
一、御チ人局ニテ予ニ一盃給了、」

（46オ）

廿一日、天晴、
一、今日正親町番代ニ祇候也、

經師大夫を召し書寫の和歌雙紙を綴ぢさす

禁裏御樂御稽古に豊原縁秋祇候

勝仁親王御病氣竹田昭慶診察す

御風氣

禁裏御前にて和歌雙紙校合

勝仁親王御病氣に廷臣等祇候す

飛鳥井雅康後撰和歌集書寫早きにより御製を賜ふ

雅康御禮祇候

勅命により冷泉爲廣に爲平千首和歌寫本を校合せしむ

禁裏御持佛堂に花を立つ

一、經シ大夫ヲメシ、予ウケタマわリニテ御双帋共トチサせ了、

一、源大納言ヨリ使アル間行也、一盃在之、

一、御稽古ニ縁秋朝臣參也、申ツキ予被遊間、予御前祇候也、

一、宮御方御モウキ間、今朝竹田法印(昭慶)メシ御ミヤクヲトラせラル、ナリ、御風氣之由也、

一、御前ニテ晩影ニ御酒被下也、源大納言・予兩人ナリ、

一、御前ニテ源大納言・予兩人夜ニ入マテ校合畢、

一、新宰相中將(三條西實隆)・四辻宰相中將・左少弁、宮御方御モウキニツイテ祇候了、

一、自今日外樣番ケンカイ也、

(46ウ)

廿二日、雨下、

一、今日ヨリ当番也、則此間マ、祇候了、

一、兵衞督(飛鳥井雅康)夜前新宰相中將御使ニテ、御製ヲ被遣也、其子細ハ御双帋(後撰和歌集)被書ハヤク書進上間也、

今朝其御礼ニ祇候也、予申ツキ也、其使ニ兵衞尉(マヽ)ニ他所參、古今ミせサせラル、也、

一、御チ人局へ予可來由也、則行也、一盃在之、

一、以予冷泉(爲廣)三位ニ彼千首校合事被仰付了、

一、御持佛堂ノハナ二ヘイ予ニタテサせラレ了、予御持佛堂へ御ナリアリ之間、樂吹畢、

後土御門天皇御病悩

續千載集上巻寫本を校合せしむ

豐原緣秋に鳳凰の銘ある樂器を修理さす

誓願寺屋根修理の爲觀世座勸進猿樂あり

續千載集中巻寫本校合させらる

後土御門天皇豐原緣秋を召し御樂を奏す

夜松木宗綱綾小路俊量を召し笛に合す言國も合奏す

勅命により外樣番衆に書寫の歌書を校合せしむ

大工に禁裏御樂地下者席を設けさす

明日禁裏月次御樂の刻限を諸所に觸る

散狀

一、御虫氣間、盤《シケ》（マヽ）長ヲメシ、御所樣御ミヤクヲトラセラル、也、
一、續千載上巻校合、按察（甘露寺親長）・予兩人、夜ニ入深マテ校合了、
一、緣秋朝臣ニ予鳳凰器之ツヲナヲサスル也、禁裏持來也、
一、世觀《せイくわん》寺（誓願寺）ウわフキノ勸進ニ觀世猿樂今日ヨリスル也、」（47オ）
　廿三日、天晴、
一、今日大典侍御局ニテ予ニ一盃給了、
一、按察・予兩人御前ニテ續千載中校合畢、
一、緣秋朝臣・予ウケタマハリニテ祇候也、來廿五日御樂共被遊也、緣秋御共申也、予モ吹了、
一、夜ニ入、兵部卿・俊量朝臣（綾小路）メサレ笛ニ御合アル也、予モ吹也、
　廿四日、雨下、當國守護礼ニ畠山所（政長）へ太刀金遣也、使兵衞尉、
一、今日予ウケタマわリニテ外樣番衆ニ御双帋校合了、
一、御タイクヲメシ、明日御樂地下者アルヘキウチイタノ事共申ツケ了、
一、明日御樂剋限披露方〻へ如此フレ了、
　折帋
　明日御樂可有四時分候也、　四辻殿（季春）奉　中御門殿（宣胤）同」（47ウ）　四辻殿御方（季經）同　綾小路殿同　甘露寺殿

一、明日御樂事共披露也、景兼（山井）・景益（山井）兩人メシクわヘラルヘキ由被仰也、可然由申入也、兩人メシ則申付了、
一、宮御方御稽古ニ四辻宰相中將祇候也、
一、緣秋朝臣メサレ祇候也、御所樣・予笙、緣秋ニ大コヲウタセラル、也、元長按察番代ニ祇候間、笛可仕之由被仰也、打毬樂・太平樂破・輪鼓褌脫、ヒトリ所作迷惑トテフカス也、太平樂急・長慶子ナト許吹畢、
一、伏見殿夜ニ入御參也、御サカ月參、四辻宰相中將・俊量朝臣メサレ祇候也、各ニ御酒被下也、御樂奏在之、笙御所作・予也、宮御方・四辻宰相中將箏、伏見殿▒▒《ヒわ》、俊量朝臣・元長兩人笛也、夜深マテ御樂奏アリ、

廿五日、天晴、

一、今日御樂奉行予間、昨日御番マ、祇候也、御タイクニウチイタ同ヤネヲサセ畢、御持佛堂東方ニ也、」

（48オ）一、御持佛堂ヲ如常コシラヘ了、御カンキ共ヲク也、円座女シユヲメシシカスル也、
一、其剋▒《限》各祇候也、クシタル由奏聞スル由也、則御服メシ御持佛堂へ出御ナル也、予御器持參、ホウライ・ト□〔モカ〕ヱ兩クわン也、御ツ、ラノフタニ入也、宮御方御コト、伏見殿御

後土御門天皇に明日御樂事を披露す
山井景兼景益兩人を召し加ふ
四辻季經勝仁親王御樂稽古に祇候
後土御門天皇豊原緣秋を召し御樂習禮
甘露寺元長笛を仰せらるも一人所作迷惑とて吹かず
邦高親王及び廷臣參內酒宴あり
御樂奏あり
禁裏法樂月次御樂
言國奉行を勤む
御大工に禁裏持佛堂東側に打板及び屋根を作らしむ
御樂會場設營女嬬に圓座を敷かす
出御
言國御樂器を持參す

目錄巡覽
笛音頭に目錄止まる

演奏者
公卿は持佛堂内に殿上人は馬道に圓座を敷き祇候

目錄
大食調

舞立

樂人左舞右舞に樂器交代

殘樂

山井景益大鼓打損ず

朗詠

御樂以後酒宴
禁裏女中衆申沙汰
謠あり

ヒハカネテヲカせラル、也、予御目錄ヲ書、懐中シ、タウシヤウ・地下參、ヲわリテ御目錄上衆ニ被參也、次第ニ一見シ、笛ヲントニトマルナリ、

笙

御所作・予・緣《兵》部卿・予・緣秋朝臣、笛俊量朝臣・元長・景兼、ヒチリキ季繼、箏宮御方・新大納言・四辻宰相中將、ヒわ伏見殿、カンコ慶秋、大鼓景益、公卿ハ御持佛堂内也、殿上人メンタウニ円座敷祗候也、

目錄　大食調

打毬樂只拍子・太平樂破・同急・輪鼓褌脫・長慶子、」

(48ウ)

舞立　左　陵王　右　納蘇利、

左之時、カンコ緣秋朝臣、大コ慶秋、シヤウこ景兼《景益》也、右之時、三鼓緣秋朝臣、大コ景兼、鉦鼓慶秋、景益笛也、樂二反也、ノコリ樂太平樂、笙ニテ御所作、笛綾小路《俊量朝臣》、長慶子兵部卿殘之五反也、納蘇利□五反ニテ殘樂也、大食調大鼓景益コト〱クウタ《チ》ソコナウ也、殊ニ輪鼓褌脫ノ大コヲわロクウツ也、未練歟、シヲクカ曲事也、ラウヱイ付物地下ヨリ《スル》也、

一、御樂以後インコン在之、女中衆申沙汰也、ウタイナト在之、御樂モアリ、俄ニ予ウケタ

付物
聽聞祇候衆
地下樂人に御酒給ふ

マハリニテ縁秋朝臣ヲメシ、大コヲウタセラル、也、太平樂破・同急・輪鼓褌脱ナト在之、付物ナトモ在之、暮程ニ御酒ハテ畢、源大納言(庭田雅行)・民部卿(白川忠富)・新宰相中將(三條西實隆)チヤウモンニ祇候也、地下ニ夏秋・統秋・景煕異躰ニテ御庭ニ祇候、シ(マヽ)ヤウモンスル也、地下樂人各ニ御酒被下了、

退出後三條西實隆邸に寄る

(49オ)一、晩影ニ退出、新宰相中將同道也、新宰相所へ可來之由、色々被申間行也、夕飯取寄也、中酒ヲ又興行也、予其マヽ宿畢、

御樂音頭松木宗綱に與奪

一、今日御樂音ト兵部卿ニ御ヨタツ也、舞立同之、

廿六日、天晴、

煕書記朝食會興行

一、今日朝飯汁・中酒キ書記張行也、

一、俊藏主來臨也、

豐原統秋坂本下向

一、豐將監來也、坂本へ今日下了、弥六地下へ下了、

山井景兼昨日御樂の禮に來る

一、昨日御樂礼ニ景兼來云々、

廿七日、天晴、

一、今日地下ヨリ便宜在之、

豐原慶秋蘇合序鮮やかにす

一、慶秋ヲメシ蘇合序アサヤクル也、三帖ナト同樂了、

（49ウ）一、佐渡來、色〻物語畢、

一、キ書記・俊藏主・景タン風呂へ也、予夕飯汁・中酒ヲ興行畢、

飯尾爲信母弔問として寫經香奠を贈る

廿八日、雨下、今日飯尾加賀方へ母トフライニ壽量品一巻・百疋遣了、使兵衛、

花山院政長笙始禮に太刀を贈る

一、今日眞乘寺殿去ケイアン寺御シユヱンノ御礼ニ參也、此便ニ花山院笙始礼ニ行、太刀金遣也了、對面了、

一、滋野井番代ニ參了、長橋局ニテ一盃在之、

勸修寺二尊院眞海主上皇太子に祈禱卷數を献ず

一、勸修寺寺（ニ）尊院眞海始テ御礼ニ參也、申ツキ予也、無御對面之、御所樣・宮御方御卷數進上了、

禁裏御前にて鴨長明集を書寫す

一、予ニ御前ニテ鴨長明集被書了、

豐原緣秋禁裏御樂御稽古に參內

一、緣秋朝臣　御所樣御稽古ニ參也、盤涉調〻子《コ》樂少〻被遊了、

二尊院善空千枚護摩法を修す

一、自二尊院（善空）御使被進也、明日千マイ御マタカル也、御ナテ物同宮御方・二宮三前ヲ□出へキ由也、則被出、申ツキ予也、

禁裏御持佛堂に花を立つ

（50オ）一、御持佛堂ハナタテ畢、依仰也、

廿九日、朝雨下、晝以後雨〻下天晴、

一、今日極﨟（唐橋在數）番代ニ予祗候也、

勅命による鴨長明集殘りを書寫し校合す

禁裏辻御倉に賊侵入し御料所物を盗る

豐原緣秋御樂御稽古に參內

廷臣禁裏御前にて夜更けまで物語す

四辻季經直衣始

一、昨日予ニ被書鴨長明集ノコリ書ハテ校合也、新宰相中將□也、

一、長橋局ニテ一盃給了、

一、夜前、辻御倉所ヘヌス人入云々、御料所物ヲサマルモトリ了、クセ事〳〵、

一、緣秋朝臣御稽古ニ參也、先宮御方被遊也、以後御所樣被遊了、

一、夜深マテ御前ニテ御物語共在之、滋野井宰相中將・新宰相中將・予祗候也、

一、今夜四辻宰相中將直衣始也、則御對面在之、雜式一本メシクスルト云々、

○第五十紙ウラ白紙、

昭和五十年四月二十五日　印刷
昭和五十年四月　三　十　日　発行

史料纂集
言国卿記　第二

校訂　豊田　武
　　　飯倉晴武

発行者　太田ぜん
東京都豊島区池袋二丁目一〇〇八番地

製版所　続群書類従完成会製版部

印刷所　株式会社　平文社
東京都豊島区北大塚二丁目三三番二〇号

発行所　株式会社　続群書類従完成会
東京都豊島区池袋二丁目一〇〇八番地
電話＝東京(983)六八四六　振替＝東京六二六〇七

言国卿記 第2　　史料纂集 古記録編〔第43回配本〕
〔オンデマンド版〕

2014年7月30日　初版第一刷発行　　定価（本体9,000円＋税）
校訂　豊田　武
飯倉晴武
発行所　株式会社　八木書店　古書出版部
代表　八木乾二
〒101-0052 東京都千代田区神田小川町3-8
電話 03-3291-2969（編集）-6300（FAX）
発売元　株式会社　八木書店
〒101-0052 東京都千代田区神田小川町3-8
電話 03-3291-2961（営業）-6300（FAX）
http://www.books-yagi.co.jp/pub/
E-mail pub@books-yagi.co.jp
印刷・製本　（株）デジタルパブリッシングサービス
ISBN978-4-8406-3281-2　　AI323